한국어 특강 1

의미와 의미 분석

한국어 특강 1

의미와 의미 분석

신현숙 · 김영란

『한국어 특강 1: 의미와 의미 분석』을 펴내면서

세계적으로 한국어에 대한 관심이 높아지면서 한국어 연구 또한 매우 폭넓게 진행되고 있다. 국내외에서 다양한 한국어 교육 자료와 교재가 개발되고 있고, 국가와 정부 차원에서도 한국어의 위상을 높일 수 있는 다양한 과제를 수행하고 있다.

같은 맥락에서 우리도 한국어에 초점을 맞추어 〈의미와 의미 분석〉에 대한 한국어 특강을 마련하기로 하였다.

우리는 그동안 한국어를 연구하고 가르치면서 함께 논의하였던 다양한 문제를 특강 형식으로 이 책에 담으려고 한다. 한국어에 대한 관심 특히 의미와 의미 분석에 대한 이해도를 높일 수 있는 문제를 제시하고, 그 문제를 해결할 수 있는 방법과 과정을 밝히는 데 초점을 맞추려고 한다. 함께 생각하고 분석하고 토론하는 과정을 통하여 한국어에 대한 관심도 높이고 언어 의미와 의미 분석에 대한 우리들의 생각도 키울 수 있으면 좋겠다.

한편, 이 책에서는 한국어 학습자와 교육자가 함께 생각할 수 있는 주제와 문제를 제시하고자 한다. 주제와 문제를 토론하고 해결하는 과정에서 한

국어 특징, 나아가 한국어 사회와 한국어 사용자의 인지 과정과 인지 방법
도 정확하게 이해할 수 있으면 좋겠다.

　이 책에서 논의하는 용어와 개념은 한국어 연구 또는 한국어 교육 현장에
서 널리 쓰이는 것으로 정리하였고, 자료와 보기 등은 실제 언어생활 속에서
쉽게 찾을 수 있는 것으로 정리하였다. 따라서 이 책에는 우리가 그동안 발표
한 논문이나 이론서에서 논의한 자료와 예문은 물론 국내외 학계에서 일반화
되어 있는 학설이나 자료도 다양하게 들어 있다. 그 동기는 한국어 연구는 물
론 한국어 교육 현장이 이제는 세계를 무대로 하고 있기 때문이다.

　끝으로, 오랜 기간 동안 이 특강에 참여하여 좋은 의견과 귀한 자료를 제공
해 준 친구들과 학생들에게 깊은 감사의 뜻을 전하면서, 이 특강 자료가 한국
어 연구와 한국어 교육, 특히 의미 연구와 의미 교육에 적극 활용되기를 기대
한다.

2012년 2월 22일

지은이

　　　　　한국어 **특강 1** 의미와 의미 분석

3장   의미 속성과 의미 관계

4장   어휘 분석이론

5장   어휘 분석

6장   어휘장

7장   의미와 문법

8장   문장과 담화 분석

1장

의미 연구

언어 연구에서 의미 연구의 위상은 어떠한가?

◆ 언어 연구의 목표는 언어사회와 언어사용자가 인지하는 언어 형식과 의미를 명시적으로 정밀하게 밝히는 것이다.

목표	언어사회/ 언어사용자							
	의미 연구							
언어 연구	음성	음운	형태소	단어	구절	발화	담화	문학작품
	음 구조 연구		어휘 구조 연구		통사 구조 연구		담화 구조 연구	
바탕	의미 연구							
	언어사회/ 언어사용자							

신현숙 (2001: 64)에서 인용

◆ 언어 형식과 의미는 언어사회와 언어사용자가 어떻게 인지하느냐에 따라서 결정된다. 따라서 언어사회와 언어사용자가 변하면 언어 형식과 의미도 자연스럽게 변화한다. 나아가서 언어 형식과 의미의 생성과 소멸은 언어사회와 언어사용자에 의해서 결정된다.

◆ 언어 형식과 의미는 동전의 양면과 같다. 따라서 언어를 구성하는 언어 형식을 연구하려면 의미 연구가 필요하고, 의미를 생성하고 해석하려면 언어 형식을 연구해야 한다. 언어 형식과 의미 연구는 음성 단위부터 시리즈로 된 문학작품 단위에 이르기까지 나누어 연구할 수 있지만, 언어 연구의 최종 목표는 언어사회와 언어사용자를 이해할 수 있는 언어 형식과 의미의 관계를 밝히는 것이다.

의미 연구의 필요성과 중요성은 어떻게 설명할 수 있을까?

◆ 의미 연구의 필요성과 중요성은 우리가 왜 말을 하는가를 살펴보면 쉽게 인지할 수 있다. 언어의 주요 기능은 의미를 전달하기 위하여 의사소통을 하는 것이다. 따라서 언어 형식의 의미를 연구하는 것은 언어를 연구하는 데도 매우 중요하다.

◆ 언어 구조는 언어 형식에 따라 크게 네 가지 구조, 곧 음 구조, 어휘 구조, 통사 구조, 담화 구조로 파악할 수 있다. 언어 구조에 대한 연구와 의미 연구는 밀접하게 관련된다.

언어 구조 연구	의미 연구와의 관련
음 구조 연구	소리와 관련되는 음성과 음운을 연구하는 데는 의미 연구가 바탕이 된다. 말소리를 인지하거나 규정하는 데도 의미가 기준이 되고, 음운을 인지하거나 규정하는 데도 의미가 기준이 된다.
어휘 구조 연구	어휘 구조 연구 대상인 형태소와 단어는 의미 연구의 중심 대상으로 다루어져 왔다. 따라서 어휘 구조 연구와 의미 연구의 관계는 그동안 여러 학자들에 의해서 깊이 있게 논의되어 왔다.
통사 구조 연구	통사 구조를 연구하는 데 의미를 고려한 연구는 그리 많지 않다. 그러나 최근에 많은 학자들이 의미 특성이나 의미 자질로써 통사 구조를 파악하거나, 의미에 초점을 두고 문장이나 구절을 설명하고 있다.
담화 구조 연구	담화 구조 연구에도 의미 연구가 바탕이 된다. 둘 이상의 발화가 결합한 것에서부터 하나의 문학작품에 이르기까지 모든 담화 구조가 의미 전달이라는 관점에서 의미 연구의 대상이 된다.

음성을 연구할 때 의미는 어떻게 관여하는가?

◆ 우리는 동물이 내는 소리인지 인간이 내는 소리인지 구별할 수 있고, 인간이 내는 소리 중에서 의미가 있는 소리인지 의미가 없는 소리인지 구별할 수 있다.

◆ 언어 연구에서는 다양한 소리 가운데 의미가 있는 소리 곧 음성 언어를 대상으로 삼는다. 음성 언어에 대한 연구에는 의미 연구가 반드시 필요하다. 음성을 추출하는 기준도 의미이고, 혀 차는 소리 *click sound*가 한국어 말소리인지 아닌지를 판단하는 기준도 의미이다.

◆ 언어사용자는 음성에 따라서 의미를 전달하고 인지한다. 또한 어떻게 발음하느냐에 따라 보다 다양한 의미를 전달하고 인지할 수 있다. 이러한 현상은 음성 연구가 의미 연구와 밀접하게 관련됨을 뜻한다.

 ㄱ. 아 ☺.(부드러운 소리로 ↘)(감탄 의미)

 ㄴ. 아 ☹.(긴장하면서 ↘)(아프다는 의미)

 ㄷ. 공부해라 ☺.(부드럽게 높낮이를 조정하면서 ~~)(요청 의미)

 ㄹ. 공부해라 ☹.(힘이 있는 목소리로 ↘)(명령 의미)

 ⇒ 언어사용자는 이와 같이 자신의 목소리를 조정하여 자신의 생각이나 느낌을
   전달한다.

◆ 속도나 말소리의 많고 적음도 의미와 관련지어 설명할 수 있다 (이정선. 1990, 1995: 19 참조).

음운을 연구할 때 의미는 어떻게 관여하는가?

◆ 음소와 운소를 연구하는 음운 연구에도 의미는 깊이 관련되어 있다. 예를 들어 한국어에서 모음 [아]와 [오]를 음소로 설정하는 것은 {아빠}와 {오빠}에서 다른 의미를 인지할 수 있기 때문이다. 마찬가지로 {불 : 물 : 풀 : 꿀 : 술 : 줄} 등에서 우리는 다른 의미를 인지할 수 있기 때문에 한국어에서 /ㅂ, ㅁ, ㅍ, ㄲ, ㅅ, ㅈ/은 다른 음소로 설정한다. 따라서 의미 차이를 인지할 수 없는 소리는 음소로 설정하지 않는다.

◆ 음운 연구에 의미가 깊이 관련됨은 운소 추출 기준이 의미라는 것을 통해서도 알 수 있다. 한국어에서 억양*intonation* 또는 소리의 길이*length* 등이 하나의 운소임을 알 수 있는데, 이것은 억양 또는 길이 등에 의해서 의미가 다르게 나타나기 때문이다. 예를 들면 다음과 같다.

ㄱ. 오늘은 자네가 가. ↗ (질문)　　　ㄴ. 오늘은 자네가 가. ↘ (명령)

ㄷ. 내가 갈 걸. ↗ (추측)　　　　　　ㄹ. 내가 갈 걸. ↘ (후회)

ㅁ. <u>밤</u>이 왔다. (어두운 밤이 되었다.)　　ㅂ. <u>밤:</u>이 왔다. (시골에서 밤이 왔다.)

⇒ (ㄱ－ㄹ)은 억양에 따른 의미 차이를 보여주는 예문이고, (ㅁ－ㅂ)은 길이에 따른 의미 차이를 보여주는 예문이다. 이와 같이 억양이나 소리의 길이를 운소로 설정하기 위해서는 의미를 살펴야 한다.

◆ 한국어에서는 휴지*pause* 또는 띄어쓰기도 매우 중요하다.

ㄱ. 민이가 방에서 나왔구나!(민이가 나온 곳을 알 수 있음)

ㄴ. 민이가방에서 나왔구나!(나온 것이 무엇인지 알 수 없음)

◆ **구조주의 음운론**structural phonology에서 음운을 분석할 때 활용하는 최소대립쌍이나 상보적 분포도 **의미**를 기준으로 삼는다.

◆ 최소대립쌍이란 음운을 찾아내고 음운을 설정할 때 주로 활용하는 대립쌍으로, 하나의 음성이나 음성 자질만 대립하는 쌍이다. 한국어에서는 {말}과 {발}이 지시하는 의미가 다르기 때문에 /ㅁ/ 과 /ㅂ/을 다른 음소로 설정한다.

말	ㅁ	ㅏ	ㄹ
발	ㅂ	ㅏ	ㄹ

◆ 상보적 분포란 음소와 변이음의 관계를 살펴볼 때 주로 활용하는 용어이다. 곧, 변이음이 출현하는 위치가 서로 겹치지 않을 때 우리는 상보적 분포를 이룬다고 한다. 한국어에서 아래 제시하는 [p], [b], [p˥]는 자리는 다르지만 의미를 구별하는 데는 관여하지 않기 때문에 하나의 음소로 설정한다.

음소	어두	모음과 모음 사이	음절말
ㅂ	밤[p]	아버지[b]	갑[p˥]

형태소를 연구할 때 의미는 어떻게 관여하는가?

◆ 형태소 연구는 음성이나 음운 연구보다 의미 연구와 밀접하게 관련된다. 이는 형태소 정의에서도 쉽게 인지할 수 있다: 형태소는 의미를 지닌 최소단위이다.

◆ 형태소를 분석할 때 우리는 의미를 기준으로 삼는다. 물론 형태소 분석 기준으로 의미만 고려하는 것은 아니다. 형태소가 쓰이고 있는 다른 예가 있어야 한다든지 또는 기능과 분포가 어떠한지 등도 고려하지만, 형태소를 분석하는 가장 중요한 기준은 의미이다.

  ㄱ. {달}, {사람}, {꽃}
  ⇒ 각 형식이 지시하는 의미가 단일하기 때문에 하나의 형태소로 설정한다.
  ㄴ. {보름달}, {사람들}, {나팔꽃}
  ⇒ {{보름} {달}}, {{사람} {-들}}, {{나팔} {꽃}}과 같이 나눌 수 있기 때문에
     (ㄴ)에 있는 자료는 두 개의 형태소로 분석한다.

◆ 형태소 합성을 연구할 때도 의미 연구의 내용이나 결과를 고려해야 한다. 곧 형태소 합성이 자연스러운지 자연스럽지 않은지를 판단하는 것은 의미에 관한 지식이다. 자연스럽지 않은 자료는 물음표(?) 또는 별표(*)로 표시한다.

  ㄱ. 선잠/ 선무당(접사 + 명사) // 바느질/ 젓가락질(명사 + 접사)
  ㄴ. *선졸음/ *선점쟁이(접사 + 명사) // *연필질/ *청소기질(명사 + 접사)

◆ 최근에는 {-질}의 쓰임이 확장되어 {지적질/ 문자질}도 쓰이고 있다.

06

단어를 연구할 때 의미는 어떻게 관여하는가?

◆ 하나의 단어가 의미 연구의 대상이 되기도 하고, 한 의미 영역에 들어 있는 단어의 묶음이 의미 연구의 대상이 되기도 한다.

◆ 단어 구조를 이해하려면 의미에 관한 지식이 필요하다. 곧 통사 특징만을 가지고 단어의 구조나 차이를 밝힐 수 없다.

   ㄱ. 송이는 카드를 **샀다/ 팔았다/ 받았다/ 얻었다**

   ㄴ. 송이는 칭찬을 ***샀다/ *팔았다/ 받았다/ *얻었다**

   ㄷ. 송이는 존경을 ***샀다/ *팔았다/ 받았다/ *얻었다**

   ㄹ. 송이는 기쁨을 ?**샀다/** ?**팔았다/ *받았다/ 얻었다**

   ⇒ 동사라는 통사 특징은 같지만 용법도 다르고 그 의미도 다르다.

◆ 단어의 의미를 분석하는 방법으로는, 한 단어가 지시하는 의미를 분석하는 방법과 단어와 단어 사이의 의미 관계를 분석하는 방법 등을 들 수 있다.

   ㄱ. 진이는 현이에게 노래를 **가르쳤어요**

   ㄴ. 현이는 진이한테 노래를 **배웠어요**

   ⇒ 발화 (ㄱ)과 (ㄴ)의 의미와 관계를 파악하기 위해서는, {가르치다}와 {배우다}의 의미는 물론이고, {가르치다}와 {배우다}가 어떤 의미 관계가 있는지도 살펴야 한다.

◆ 단어의 의미를 연구한 결과는 사전 편찬, 자동번역기/ 자동통역기 개발, 인공지능 개발 등에 활용되고 있다.

◆ 사전 편찬

사전을 만들 때 우리는 표제어를 중심으로 발음/ 형태/ 통사/ 의미/ 화용/ 관련 어휘 정보 등을 제공한다. 이 중에서 의미 정보는 사전 이용자들이 가장 많이 찾아보는 내용이다.

◆ 자동번역기/ 자동통역기

컴퓨터를 이용하여 한 나라의 말을 기계적으로 다른 나라의 말로 번역하는 것이다.

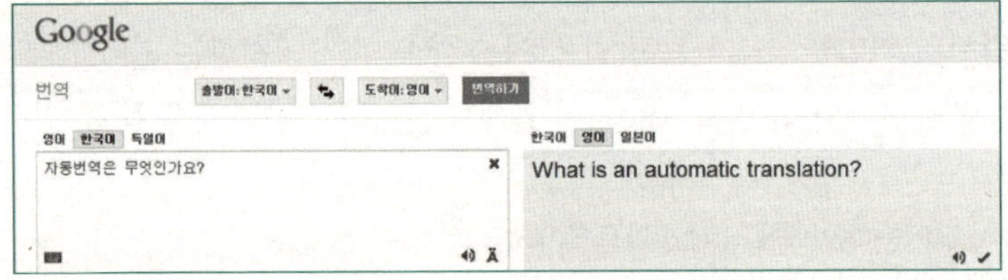

◆ 인공지능 개발

컴퓨터 시스템이 인간처럼 판단하고 추론, 학습할 수 있도록 하는 것으로, 한국어 의미 연구의 결과는 컴퓨터를 이용한 자연언어 이해, 음성 인식, 문자 인식, 자동번역 등에서 사용되고 있다. 이와 같은 연구 결과는 로봇을 개발하는 데 적극 활용되고 있다.

통사 구조를 연구할 때 의미는 어떻게 관여하는가?

◆ 통사 구조*syntactic structure*를 연구하기 위해서는 구절이 지니고 있는 의미 내용도 고려해야 한다. 곧 구절을 구성하는 단어의 결합이 자연스러운지 자연스럽지 않은지를 결정해 주는 기준은 통사 자질*syntactic feature* 뿐만 아니라 의미 자질*semantic feature*도 관여한다.

> ㄱ. 내가 아끼는 그림이다
>
> ㄴ. *내가 뛰어가는 그림이다
>
> ⇒ 명사구 (ㄱ)과 (ㄴ)은 통사 구조가 같다. 그러나 (ㄱ)은 자연스럽고, (ㄴ)은 자연스럽지 않다. 이와 같은 차이는 의미 자질 또는 의미와 관련된 지식으로 설명할 수 있다.

◆ 통사 구조를 연구하기 위해서는 문장을 구성하는 명사구와 동사구의 통사 구조와 의미 구조도 살펴야 한다.

> ㄱ. 내가 아끼는 그림이 어디론가 없어졌다
>
> ㄴ. *내가 아끼는 그림이 재미있는 노래이다
>
> ⇒ 문장 (ㄱ)은 명사구와 동사구의 호응 관계가 자연스럽지만, (ㄴ)은 자연스럽지 않다.

◆ **굳어진 표현** *fossilized expression*도 의미를 고려해야만 설명이 가능하다.

ㄱ. 가뭄에 콩 나듯이 잘 안 나타난다

ㄴ. *가뭄에 콩 나듯이 자주 온다

⇒ (ㄱ)은 자연스럽고 (ㄴ)은 자연스럽지 않다. 가뭄에는 콩이 많이 나지 않으니까 (ㄱ)이 더 자연스러운 것이다.

? 다음 표현이 왜 자연스럽지 않은지 생각해 보자.

　　ㄱ. ?눈이 빠지게 먹어댔다.

　　ㄴ. ?입에 침이 마르도록 말을 하지 않았다.

　　ㄷ. ?불티나게 학교에 갔다.

　　ㄹ. ?눈물나게 밉다.

? 다음 표현 뒤에 어떤 말이 쓰일 수 있는지 넣어 보자.

　　ㄱ. 눈이 빠지게 ____________

　　ㄴ. 입에 침이 마르도록 ____________

　　ㄷ. 불티나게 ____________

　　ㄹ. 눈물나게 ____________

발화 구조를 연구할 때 의미는 어떻게 관여하는가?

◆ 발화*utterance* 구조를 연구하기 위해서도 의미 연구는 필요하다. 발화의 진리치는 물론 발화를 생성하고 해석할 때도 의미에 대한 정보가 필요하다.

> ㄱ. 어머니는 장미꽃을 제일 좋아하신다(참)
>
> ㄴ. *장미꽃이 어머니를 제일 좋아하신다(거짓)
>
> ⇒ 발화 (ㄱ)은 실제 언어생활에서 쉽게 찾을 수 있지만, 발화 (ㄴ)은 실제 언어생활에서 찾기 어렵다. 두 발화의 차이를 밝히려면 {장미꽃}의 의미 자질을 고려해야 한다.

◆ 같은 사건에 대한 발화라도 어순*word order*이 달라지면 초점이 달라진다. 이와 같은 현상도 의미를 고려하여 설명할 수 있다.

> ㄱ. 철수에게 색연필을 주었는데
>
> ㄴ. 색연필을 철수에게 주었는데
>
> ⇒ 같은 사건에 대한 발화지만, 언어사용자의 초점이 다르다. 발화 (ㄱ)은 {철수}에 초점을 두고 있고, 발화 (ㄴ)은 {색연필}에 초점을 두고 있다. 이와 같이 진리치는 같은 발화이지만 어순에 따라서 초점이 다른 현상도 의미를 고려하여 설명할 수 있다.

◆ 한국어에서는 같은 사건에 대한 발화라도 조사가 다르면 의미가 다르다.

ㄱ. 그 친구도 공부를 안 한다 (공부를 안 하는 친구가 또 있다)

ㄴ. 그 친구만 공부를 안 한다 (다른 친구는 공부를 한다)

⇒ 두 발화의 의미 차이를 설명하기 위해서는 {도}와 {만}이 지니는 의미를 고려

해야 한다.

◆ 같은 사건에 대한 발화라도 조사가 쓰이느냐 안 쓰이느냐에 따라서도 의
미가 달라진다.

ㄱ. 밥 먹어야지 (식사를 해야겠다)

ㄴ. 밥을 먹어야지 (다른 음식이 아니라 밥을 먹겠다)

⇒ 두 발화의 의미 차이를 설명하기 위해서는 {∅}와 {을}이 쓰이는 상황과 의미

를 고려해야 한다.

? 한국어 문장에는 없는데 영어 문장에 있는 것은 무엇일까?

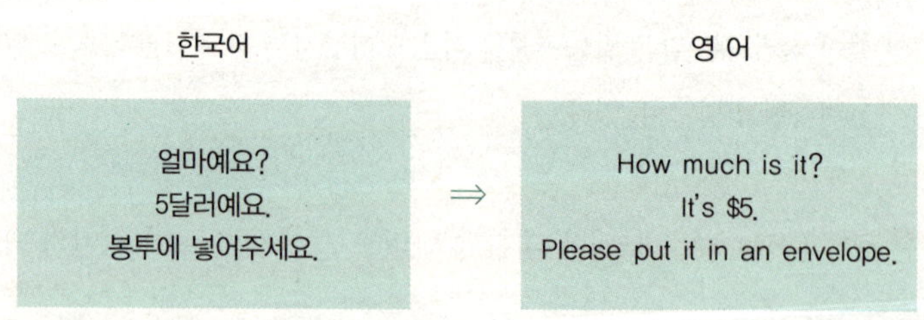

한국어 **특강 1** 의미와 의미 분석

담화 구조를 연구할 때 의미는 어떻게 관여하는가?

◆ 담화*discourse* 구조도 의미를 고려해야 설명할 수 있다. 이어지는 발화나 문장을 생성하고 해석할 때도 언어사용자는 의미를 고려한다.

> ㄱ. 여기 모인 전부가 내 어려서부터 익히 아는 사람들이었다.
>
> ㄴ. 단지 얼마 전에 함경도 어디선가 이사해 왔다는 삼봉이 아버지란 사람을 제
>   외하고는
>
> (황순원 「눈」에서)
>
> ⇒ 발화 (ㄱ)과 발화 (ㄴ)의 의미를 함께 고려해야 작가의 담화를 이해할 수 있다.

◆ 문학작품에서 자주 사용되는 수사법을 설명하기 위해서도 의미 연구 결과를 활용할 수 있다.

> ㄱ. 얼굴만 보아도 예쁘고 냄새만 맡아도 행복한 그대 이름은 **장미**
>
> ㄴ. 밤을 깨우는 산바람 소리에 **새벽**을 깨우는 파도소리에
>
> ㄷ. **아침** 열리는 소리 이슬 맺히는 소리 바람 스미는 소리
>
> ㄹ. 경쾌한 초저녁 지나 어둡고 창백한 **밤**
>
> (신현숙 「꿈 소리 바람 소리」에서)
>
> ⇒ {장미/ 새벽}의 의미 자질은 [+사람]으로 인지하고, {아침/ 밤}의 의미 자질
>   은 [+구체성]으로 인지해야 담화 의미를 해석할 수 있다.

◆ 담화 구조의 의미를 생성하고 이해하기 위해서는, 언어 형식이 지시하는

사전의미는 물론 담화가 쓰인 상황의미/ 추리의미/ 확장의미 등 다양한 의미 정보를 고려해야 한다.

◆ 실제 발화 특히 대화 구조도 상황의미/ 추리의미를 고려해야 이해할 수 있다.

> A: 내일은 지난번에 갔던 식당에서 먹을까?
> B: 언제 갔던 식당?
> ⇒ 발화 A와 발화 B에서 우리는 언어 형식의 의미는 인지할 수 있다. 그러나 의 사소통은 아직 이루어지지 않았다. 상황의미/ 추리의미/ 기억력 등이 서로 다르기 때문이다.

? 대화는 단어 및 문장의미와 함께 상황의미/ 추리의미/ 기억력 등이 통합되어 이루어진다. 다음 대화에서 인지할 수 있는 의미를 생각해 보자.

> A: 일찍 도착했어?
> B: 말도 마라, 차가 얼마나 밀리는지….

신현숙 (2002: 145)에서 인용

> A: 벌써 집이야?
> B: 내일 발표 있어.

의미론의 하위 분야를 정리한다면
어떤 분야가 있을까?

◆ **어휘의미론**

　　어휘의 의미를 밝히는 데 목표를 둔다. 어휘소 하나하나의 의미를 분석할 뿐만 아니라 어휘소가 속한 어휘장도 분석한다. 예를 들어 어휘소 {뛰다}는 [이동]이라는 의미 자질로 분석할 수 있으며, [이동]이라는 의미 자질을 가진 {걷다}, {달리다} 등과의 관계도 분석할 수 있다.

◆ **문장의미론**

　　문장의 의미를 밝히는 데 목표를 둔다. 문장의 의미는 문장의 구성성분인 단어의 의미를 합하면 되는 것이 아니다. 동일한 구성성분으로 이루어진 문장도 그 의미가 다를 수 있으며, 서로 다른 구성성분으로 이루어진 문장도 그 의미가 같거나 비슷할 수 있다. 문장의미론에서는 이와 같이 문장의 구조에 따른 의미 해석과 문장의 동의성, 중의성, 전제, 함의 등과 같은 의미 속성을 밝히는 데 초점을 둔다.

ㄱ. 철수가 영이에게 선물을 주었다./ 영이가 철수에게 선물을 주었다.

⇒ 문장의 구성성분은 {철수, 영이, 선물, 주다, 가, 에게, 을}로 동일하지만, 선물을 주는 주체와 받는 대상은 서로 다르다.

ㄴ. 철수가 영이한테 선물을 주었다./ 영이가 철수한테 선물을 받았다.

⇒ 문장의 구성성분으로 서로 다른 동사 {주다}와 {받다}가 쓰였으나, 선물을 주는 주체와 받는 대상은 서로 같다.

◆ **화용의미론**

　실제 상황에서 쓰인 발화의 의미를 밝히는 데 목표를 둔다. 발화는 언어사용자가 어떤 의도를 가지고 시간이나 공간과 같은 상황적 요소에 맞추어 달리 사용하고 해석하는 것으로서, 발화의 의미를 밝히는 데는 이러한 요소가 중요하게 작용한다. 화용의미론에는 발화를 하나의 행위로 보는 **화행 이론**_speech act theory_도 포함된다. 이 이론은 실제 상황에서 발화가 가지는 의사소통적 기능에 초점을 맞춘 것이다. 곧 언어사용자가 {비가 온다}라는 발화를 어떤 상황에서 사용하는가에 따라 [우산을 가져가라]라는 명령이나 [내일 등산을 취소하자]라는 제안 등 다양한 의미로 해석할 수 있다.

? 하나의 단어도 어휘 층위, 문장 층위, 담화 층위에서 각각 다르게 해석할 수 있다. 아래의 예문에서 각각 {떡}은 어떤 의미로 해석할 수 있는지 생각해 보자.

　　ㄱ. 잔칫날에 <u>떡</u>이 빠질 수 없지.

　　ㄴ. 그 정도면 우리 둘이 <u>떡</u>을 치겠다.

　　ㄷ. 예부터 무당을 찾아가려면 <u>떡</u>쌀부터 담그고 가라고 했다.

　　ㄹ. 그 친구들은 찰<u>떡</u>궁합이야!

　　ㅁ. 우리한테는 그림의 <u>떡</u>이지!

　　ㅂ. 굿이나 보고 <u>떡</u>이나 먹어라.

2장

의미와 의미 유형

언어의 형식과 의미는 어떤 관련성이 있을까?

◆ 언어는 형식과 의미로 구성되어 있다. 따라서 형식과 의미를 동시에 분석해야 한다. 물론 하나의 형식이 하나의 의미를 지니기도 하고, 하나의 형식이 여러 의미를 지니기도 한다. 또한 여러 형식이 하나의 의미를 지니기도 하고, 여러 형식이 여러 의미를 지니기도 한다. 이밖에도 무형식*zero form*이 의미를 지니기도 하고, 형식이 무의미를 지니기도 한다.

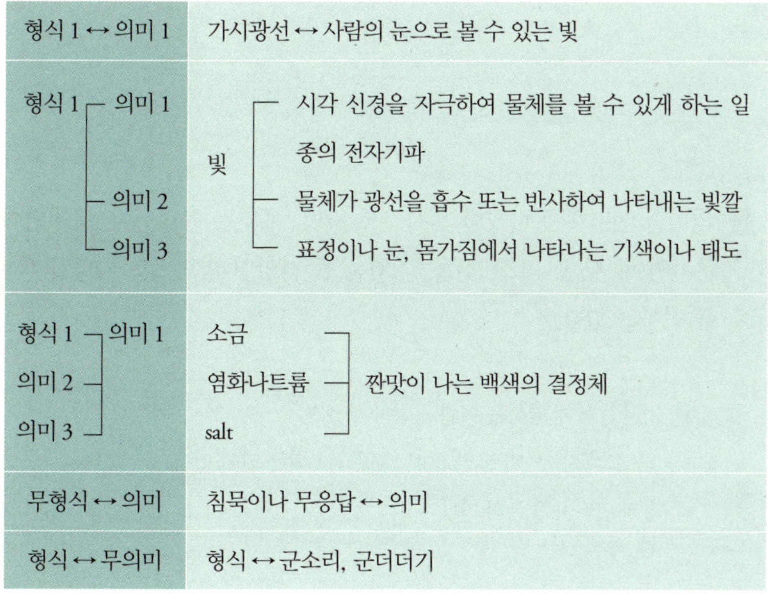

◆ 형식과 의미는 뗄 수 없는 동전의 양면과 같다. 따라서 언어 현상을 분석할 때는 형식과 의미의 관계를 고려해야 한다. 그러나 시대와 학자에 따라서

는 형식에만 관심을 두기도 하고 의미에만 관심을 두기도 하였다. 그러나 최근에는 형식과 의미를 나누어 분석할 수 없음을 인지하고, 형식과 의미를 동시에 분석하는 학자들이 많아지고 있다.

◆ 언어사용자는 의미를 전달하기 위하여 다양한 의사소통 방법을 선택한다. 따라서 형식보다는 의미가 더욱 중요하다.

? 의미를 전달하는 다양한 의사소통 방법: 우리는 몸짓언어, 음성언어, 문자언어, 신호, 기호, 선물, 기념품 등 다양한 방법으로 다양한 의미를 전하고 있다.

ㄱ. 기나긴 그대 침묵은 이별로 받아 두겠소.

ㄴ. (큰 소리로) 가, 가란 말이야! 널 만나고 되는 일이 없어!

ㄷ. 우리 만나자! / 우리 만나자^^

ㄹ.

ㅁ.

ㅂ.

ㅅ.

02

언어 연구에서 의미는 어떻게 정의되는가?

◆ **지시설** *referential theory*

단어의 의미를 지시물*thing*로 생각한다. 곧 언어 형식이 지시하는 의미를 실제 대상물*object*로 본다. 예를 들면, {꽃}이라는 형식은 실제 존재하는 [꽃 🌷]을 의미로 본다. 이와 같은 생각은 "meanings of words simply are things in the world"(Paul. 2011: 14)와 그림 사전에서 찾아볼 수 있다.

◆ **개념설** *conceptual theory*

언어 형식과 실제 지시물 사이에 있는 언어사용자의 생각이나 개념을 의미로 본다. 오그던과 리처즈*Ogden & Richards*가 제시한 기호 삼각형 *semiotic triangle*과 같이 상징의 의미를 지시물로 보지 않고, 언어사용자가 인지하는 생각이나 지시하는 개념을 의미로 본다.

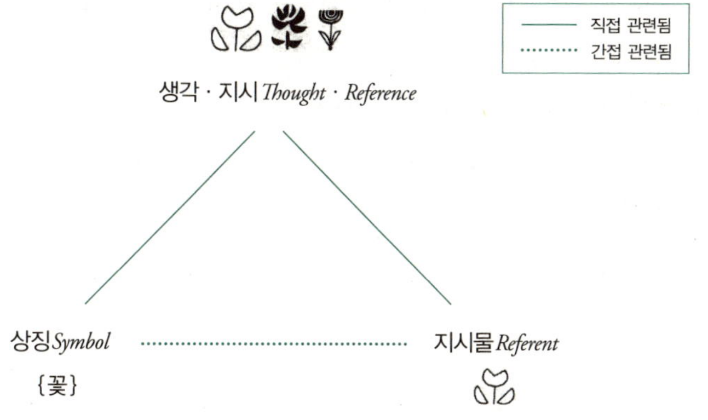

◆ 행동주의설 *behaviourist theory*

언어 형식과 의미의 관계를 자극–반응 *stimulus-response* 관계로 본다. 블룸필드 *Bloomfield*(1933, 1976: 24∼26)는 화자가 자극하고 청자가 반응하는 것을 의미로 본다. 예를 들면, 밖에 있던 친구가 방에 들어오면서 {덥다}고 하면 방에 있던 친구가 시원한 물을 주거나, 부채를 주거나, 선풍기를 키거나, 에어컨 온도를 조절한다. 이 이론은 다양한 홍보자료나 매체 구축에서 활용하고 있다.

◆ 용법설 *use theory*

의미를 용법 *use* 으로 본다. 언어 형식이 맥락이나 상황에서 어떻게 쓰이느냐를 의미로 본다. 예를 들면, {보다}의 의미를 {책을 보다/ 영화를 보다/ 맛을 보다}와 같이 실제 용례에서 찾는다. 최근에 활발하게 연구되고 있는 말뭉치 자료를 활용한 연구도 이 이론과 관련지을 수 있다.

◆ 의의 관계설 *sense relation theory*

의미를 의의 *sense* 로 본다. 예를 들면, 라이언스 *Lyons* 는 어휘소의 의미를 외연 *denotation* 과 의의 *sense* 로 나누고 언어 의미에서 중요한 것은 의의라고 한다. {꽃}의 의의는 {식물/ 장미} 등과 같은 계열 관계 속에서 알 수 있다.

공통의미와 개별의미의 차이는
어떻게 설명할 수 있을까?

◆ **공통의미** *common meaning* 와 **개별의미** *individual meaning* 는 하나 이상의 언어 형식 또는 언어 형식과 언어 형식 사이의 관계를 고려하여 설정한 의미 유형이다. 공통의미는 하나 이상의 언어 형식이 공통으로 지시하는 의미이고, 개별의미는 하나의 언어 형식이 지시하는 의미를 뜻한다.

◆ 어휘 항목 *lexical item* 은 여러 계층 속에서 서로 묶일 수 있다. 따라서 체계 속에서 논의할 수 있다. 공통의미는 여러 차원에서 더 큰 어휘장을 이룰 수 있다. 공통의미에 의해서 어휘 항목은 **상관** *co-relation* 을 이루고, 개별의미에 의해서 어휘 항목은 **대립** *opposition* 한다.

◆ 공통의미와 개별의미의 관계는 다음과 같이 그릴 수 있다.

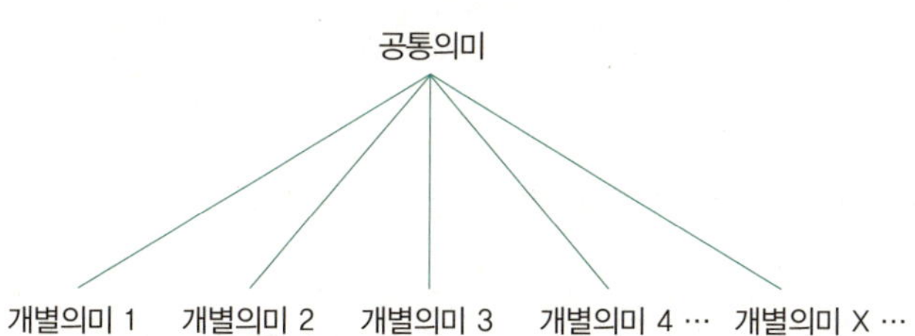

◆ 어휘 항목을 넣어 보면 다음과 같다. 예컨대, [남자]라는 공통의미로 묶을 수 있지만, 언어사용자는 각 어휘 항목에서 개별의미를 인지한다. 따라서 각 어휘 항목의 쓰임 또한 다르다.

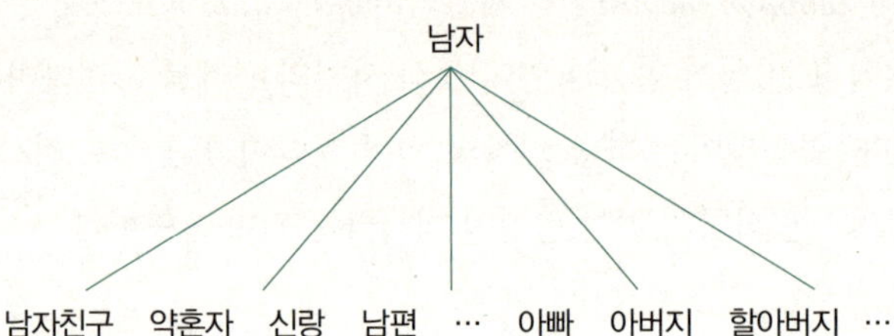

◆ 학계에서는, 언어 형식임을 표시하기 위하여 중괄호 { } 를 사용하고, 의미임을 표시하기 위하여 대괄호 [ ] 를 사용한다. 따라서 우리도 { } 은 형식이나 형태임을 지시하는데 활용하고, [ ] 은 의미임을 지시하기 위하여 활용한다.

? 다음 단어의 공통의미와 개별의미를 생각해 보자.

> 아라비카, 로부스타, 블루마운틴, 모카, 코나, 드립, 에스프레소

ㄱ. 공통의미:

ㄴ. 개별의미:

추상의미와 구체의미의 차이는 어떻게 설명할 수 있을까?

◆ **추상의미** *abstract meaning* 는 모든 발화에서 인지할 수 있는 의미이고, **구체의미** *concrete meaning* 는 실제 발화에서 인지할 수 있는 의미이다. 곧 추상의미와 구체의미의 관계는 다음과 같이 그릴 수 있다.

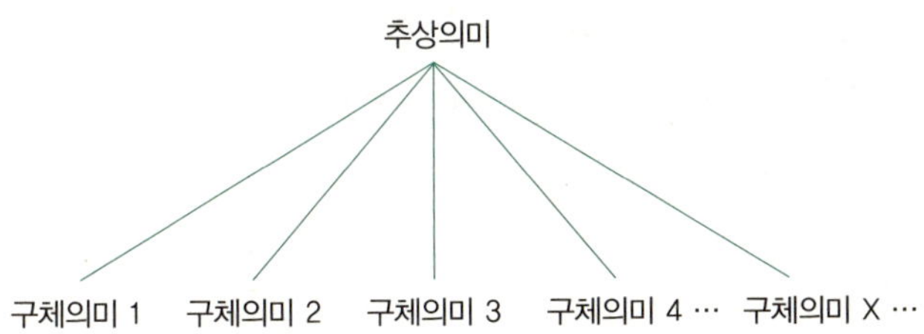

◆ 사전에서는 다양한 문맥을 고려한 구체의미를 제시한다. 예를 들면, 어떤 어휘 항목은 다섯 가지 의미로 기술하고, 어떤 어휘 항목은 열 가지 의미로 기술한다. 이와 같은 차이는 문맥에 바탕을 두고 의미를 기술하기 때문이다. 그러나 실제 언어생활 속에서 어휘 항목이 쓰이는 상황은 너무나 다양하다. 따라서 언어사용자는 의미를 생성하고 해석할 때 추상의미를 적극 고려한다.

〈표준국어대사전〉에 실린 동사 {가다}의 의미

가다01 〔가, 가니, 가거라〕

[Ⅰ] 「동사」

 [1] 【…에/에게】 【…으로】 【…을】

  「1」 한 곳에서 다른 곳으로 장소를 이동하다.

「2」수레, 배, 자동차, 비행기 따위가 운행하거나 다니다.

「3」일정한 목적을 가진 모임에 참석하기 위하여 이동하다.

「4」지금 있는 곳에서 어떠한 목적을 가지고 다른 곳으로 옮기다.

⇒ 사전에 실린 네 가지 의미는 구체의미라 할 수 있다. 그러나 언어사용자는 {오늘 하루도 다 갔다/ 여름은 가고/ 우유가 맛이 갔는데}와 같이 시간의 이동, 상태 변화를 표현할 때도 {가다}를 선택한다. 이와 같은 현상은, 언어사용자가 다양한 상황에 적용할 수 있는 추상적인 의미를 인지하고 있기 때문이다.

? {냄새}와 결합할 수 있는 언어 형식을 생각해 보자.

분류	후행요소	보기
유형 1	{동사(구)}	{나다/ 풍기다/ 배다/ 맡다/ 피우다/ 기억하다/ 잡다/ 없애다/ 제거하다}
유형 2	{형용사(구)}	{좋다/ 나쁘다/ 향긋하다/ 상큼하다/ 진하다/ 지독하다/ 요란하다}

신현숙 (2011: 217)에서 인용

사전의미, 문맥의미, 상황의미, 추리의미는 어떻게 설명할 수 있을까?

◆ 하나의 발화가 전달하는 의미는 사전의미, 문맥의미, 상황의미, 추리의미 등으로도 나눌 수 있다.

의미 유형	정의
사전의미	발화에 쓰인 형식만 있어도 인지할 수 있는 의미
문맥의미	발화와 함께 쓰인 형식을 살펴보아야 인지할 수 있는 의미
상황의미	발화 형식이 쓰인 상황 (시간, 공간, 참여자 등)과 관련지어야 인지할 수 있는 의미
추리의미	발화 형식이 쓰인 상황은 물론 언어사용자의 배경지식이나 세상 일에 관한 지식까지 고려해야 인지할 수 있는 의미

◆ 모든 발화 형식에서 우리는 네 가지 유형의 의미를 인지할 수 있다. 그러나 언어사용자가 어디에 초점*focus*을 두느냐에 따라서 두드러지는 의미는 다르다.

{ 황소가 온다 }

　ㄱ. 사전의미: 황소-오다

　ㄴ. 문맥의미: (함께 쓰인 발화 형식 {가}에 초점을 두고 풀이하면, 다른 것이 아니고) 황소-오다

　ㄷ. 상황의미: (사람을 가리키면서) 황소-오다

ㄹ. 추리의미: (황소처럼 힘이 센) 황소-오다

⇒ 언어사용자에 따라서 사전의미에 초점을 두고 {황소가 온다}는 발화를 할 수
도 있고, 추리의미에 초점을 두어 {황소처럼 힘이 센 사람이 온다}고 발화할
수도 있다.

? 다음 문장을 사전의미, 문맥의미, 상황의미, 추리의미로 나누어 보자.

ㄱ. 사전의미: {떡}은 '곡식 가루를 찌거나, 그 찐 것을 치거나 빚어서 만든 음
식'이다.

ㄴ. 문맥의미: '떡이 사람이 되었다.'는 말은 사용하지 않지만, '사람이 떡이 되
었다.'는 말은 사용한다.

ㄷ. 상황의미: '사람이 기운이 빠지고 힘이 없는 모양새를 비유한 표현'이다.

ㄹ. 추리의미: '사람이 떡이 된' 경우에 복용할 수 있는 약을 홍보하기 위한 표
현이다.

의미 유형은 어떻게 정리할 수 있는가?

◆ 리치 *Leech* (1974, 1981: 9~23 참조): 일곱 가지 의미 유형

개념적 의미 *conceptual meaning*	{어머니} [인간 · 어른 · 여자 · 자녀] {부인} [인간 · 어른 · 여자]
내포적 의미 *connotative meaning*	{음악의 아버지, 바하} {교수부인답다}
사회적 의미 *social meaning*	{동무, 친구} {아버지, 아빠, 아범}
정서적 의미 *affective meaning*	{빨강} [열정] {잘 한다, 잘~ 한다}
반사적 의미 *reflected meaning*	{님} [나라] {신} [귀신]
연어적 의미 *collocative meaning*	{귀여운 할아버지} {착한 가격}
주제적 의미 *thematic meaning*	나는 <u>딸기가</u> 너무 먹고 싶은데

07

개념적 의미란 무엇인가?

◆ **개념적 의미**_conceptual meaning_는 어떤 언어 형식이 상황이나 언어사용자가 달라져도 언제나 인지할 수 있는 의미이다. 이 의미는 언어의 본질적 기능을 수행하는 데 필수적이며, 의사소통 과정에서 핵심 요소이다.

◆ 리치_Leech_는 개념적 의미를 **외연적 의미**_denotational meaning_ 또는 **인지적 의미**_cognitive meaning_라고도 하였다. 이는 어떤 언어 형식이 개념적 의미를 지니게 되면 외연적·인지적·논리적 내용이 언어 전달의 중심적 요소를 이루기 때문이다.

◆ 개념적 의미란 추상적인 의미 자질의 집합이라고 정리할 수 있다. 예를 들어 {부인婦人}의 개념적 의미는 {부인}이 지시하는 모든 개체가 공통으로 가지고 있는 속성의 집합으로 한정할 수 있다. {부인}의 의미는 [인간·어른·여자] 등으로 표현할 수 있는데, 이와 같이 추상적인 기호로 표시된 속성이 그 형식이 지니고 있는 의미 자질이다.

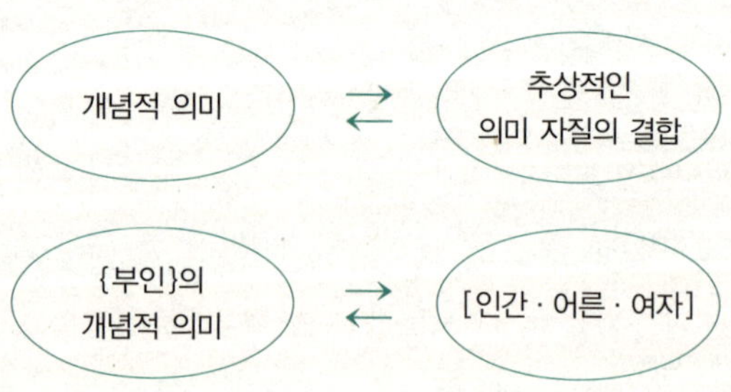

◆ 의미 자질은 언어 형식을 사용하기 위해서는 반드시 인지해야 하는 내용이기 때문에 개념적 의미를 인지 의미라고도 한다. 이와 같은 개념적 의미 자질은 누구나 인지할 수 있는 관습화된 것이므로 의미를 인지하는 데 꼭 필요한 자질이며, 일상의 의사소통 과정 속에서 핵심적인 기능을 한다.

? {어머니}와 {아버지}의 사전 의미는 [자기를 낳아 준 여자를 이르거나 부르는 말]과 [자기를 낳아 준 남자를 이르거나 부르는 말]이다. 사전 의미를 바탕으로 {어머니}와 {아버지}의 개념적 의미를 정리해 보자.

{어머니} ↔ [인간 · 어른 · 여자 · 자녀] [X is Y's mother]
{아버지} ↔ [인간 · 어른 · 남자 · 자녀] [X is Y's father]

그러나 우리는 실제 언어생활 속에서 친구의 어머니도 {어머니}라고 부른다. 뿐만 아니라 {아버지}도 종교적인 의미 또는 정치적인 의미를 지시하는 언어 형식으로 사용한다.

? 다음 자료의 의미는?

ㄱ. foster mother   ㄴ. adoptive mother   ㄷ. surrogate mother

(Wierzbicka, 1996: 154 참조)

08

내포적 의미란 무엇인가?

◆ **내포적 의미***connotative meaning*는 언어 형식이 지니고 있는 개념적 의미와 함께 인지할 수 있는 다양한 전달 가치를 뜻한다. 곧 언어사용자의 인지 구조 속에 내재하는 개인적인 체험과 관련된 느낌이나 생각 또는 정서적 연상에 기초를 둔 다양한 가치를 지니는 의미를 말한다.

◆ 개념적 의미는 추상적인 의미 자질의 집합이다. 예를 들어 {부인婦人}이라는 언어 형식의 개념적 의미는 [인간 · 어른 · 여자]라는 자질로 한정할 수 있다. 그러나 일상적인 언어생활에서 {부인}이라는 단어를 개념적인 의미로만 제한하여 사용하지는 않는다. 곧 {저 분은 역시 교수 부인답다}라는 표현에서 {부인}은 [인간 · 어른 · 여자]만을 지시하지는 않는다. [남편에 대한 태도/학생들에 대한 태도] 등의 내포적 의미를 포함한다.

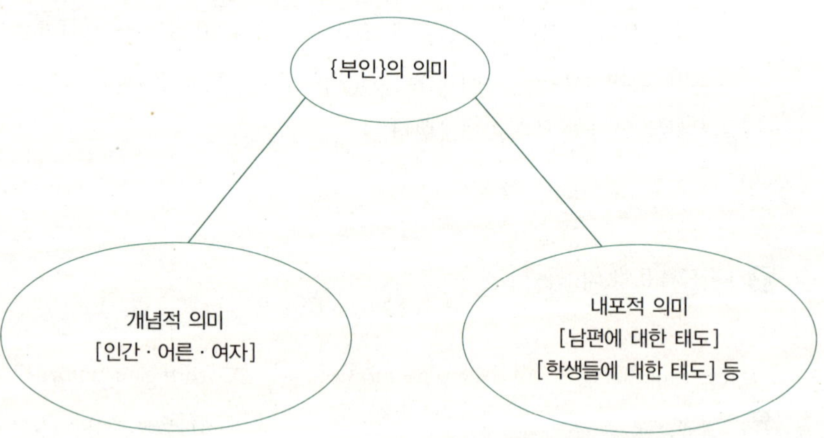

◆ 내포적 의미는 시대 변화와 사회 변화에 영향을 받기도 하고 개인 경험이나 문화 배경 등을 다양하게 반영하기도 한다. 따라서 개인의 주관적 체험과 상상을 형상화하는 문학 작품에서는 개념적 의미보다 내포적 의미가 더 큰 비중을 차지하기도 한다. 문학에서의 창조성을 의미의 창조라고 본다면 이것은 새로운 내포적 의미의 창조라고 볼 수 있다.

? 다음 자료에서는 {어머니}와 {아버지}가 어떤 내포적 의미를 지시하는지 생각해 보자.

    ㄱ. 어머니표 음식

    ㄴ. 어머니의 강인함 그대로

    ㄷ. 세계 최고의 세탁방법, "역시 어머니의 손이 최고지."

    ㄹ. 음악의 아버지, 바하

    ㅁ. 모국, 모국어

09

사회적 의미란 무엇인가?

◆ **사회적 의미** *social meaning* 는 사회 환경에 따른 언어 사용의 차이를 인식할 때 인지할 수 있는 의미이다. 언어사용자의 사회적 관계나 지위가 다르면 언어사용상의 간격이 생기는데, 우리는 이러한 간격을 문체적 의미의 차이로 이해할 수 있다. 이것은 언어사용자가 어떤 표현을 이해하거나 사용할 때 연상할 수 있는 사회적 상황에 의해 인지할 수 있는 의미이다.

◆ 언어의 사회적 상황을 나타내는 요소로는 개인의 연령 또는 성별의 차이, 직업이나 사회 지위에 따른 차이, 시대·지역·종교 차이 등을 지적할 수 있다. 종교에 따라서는 {형제/ 자매}에서도 사회적 의미를 인지한다. 언어사용자는 사회적 상황에 따라 {부삿}에 해당하는 언어 형식으로 {아빠, 아버지, 아버님, 가친, 선친, 춘부장, 대부, 아범, 애비} 가운데 하나를 선택하여 사용할 수 있다. 그리고 이러한 언어 형식을 통하여 언어사용자의 사회적 상황을 이해할 수 있다.

◆ 우리는 방언을 통하여 언어사용자의 사회적 상황을 인지할 수 있다. 곧 방언을 사용하는 언어사용자의 지리적 배경이나 사회적 배경 등을 인지할 수 있다. 예를 들어 {정구지}는 경상도나 전라도 등에서 표준어 {부추}와 같은 의미로 쓰이는 방언이다. 어떤 언어사용자가 {정구지}라는 단어를 사용한다면, 우리는 이 언어사용자가 경상도나 전라도와 관련이 있음을 인지할 수 있다.

ㄱ. 오늘은 <u>부추</u>로 김치를 담가야겠다.

⇒ 언어사용자는 경상도나 전라도 등의 지리적 배경을 지니지 않았으며, 표준어
　를 사용하는 사람이라는 것을 인지할 수 있다.

ㄴ. 오늘은 <u>정구지</u>로 김치를 담가야겠다.

⇒ 언어사용자는 경상도나 전라도 등의 지리적 배경을 지니며, 방언을 사용하는
　사람이라는 것을 인지할 수 있다.

◆ 사회적 의미는 언어사용자가 속해 있는 사회가 변화함에 따라 생성되기도
하고 소멸되기도 하고 변하기도 한다. 따라서 개념적 의미와 비교하면 변하
기 쉬운 의미이다.

? 다음에 제시하는 언어 형식을 사회적 의미와 관련지어 생각해 보자.

ㄱ. 동무/ 어깨동무/ 동무 생각

ㄴ. 친구/ 동무

ㄷ. 여자 친구/ 여친

ㄹ. 남자 친구/ 남친

ㅁ. friend/ boyfriend/ girlfriend

ㅂ. chairman/ chair person/ chair

ㅅ. Ms/ Miss/ Mrs/ Mr

ㅇ. salesman/ sales assistant

10

정서적 의미란 무엇인가?

◆ **정서적 의미** *affective meaning* 는 언어사용자의 개인적 감정이나 정서가 반영된 의미이다. 실제로 우리가 의사소통을 할 때는 대상에 대한 감정이나 심리 상태에 따라 언어 형식 · 문체 · 음성 · 표정을 바꾼다. 예를 들어 {기분이 참 좋다}라는 발화에서 {참}을 어떻게 발음하는지에 따라 언어사용자의 감정은 달리 표현될 수 있다.

ㄱ. 기분이 참 좋다.

ㄴ. 기분이 참~~~~~~ 좋다.

⇒ 언어사용자가 (ㄴ)과 같이 발화하는 경우에는 {참}의 발화 길이를 정상적인 길이보다 길게 함으로써 자신의 좋은 감정을 더욱 강조하여 표현하고자 하는 의도를 지니고 있음을 알 수 있다.

◆ 우리가 문자 언어를 사용할 때는 문장 부호를 통해서 개인적인 감정이나 정서를 드러낼 수 있다. 최근에는 다양한 이모티콘을 활용하여 자신의 감정을 좀 더 구체적으로 표현하기도 한다. 그러나 이와 같은 정서적 의미는 언어사용자의 감정이나 정서를 상황에 따라 달리 표현하는 것이므로 개념적 의미와 비교했을 때 개인적이고 주변적인 의미에 속한다.

 개념적 의미와 정서적 의미를 생각해 보자.

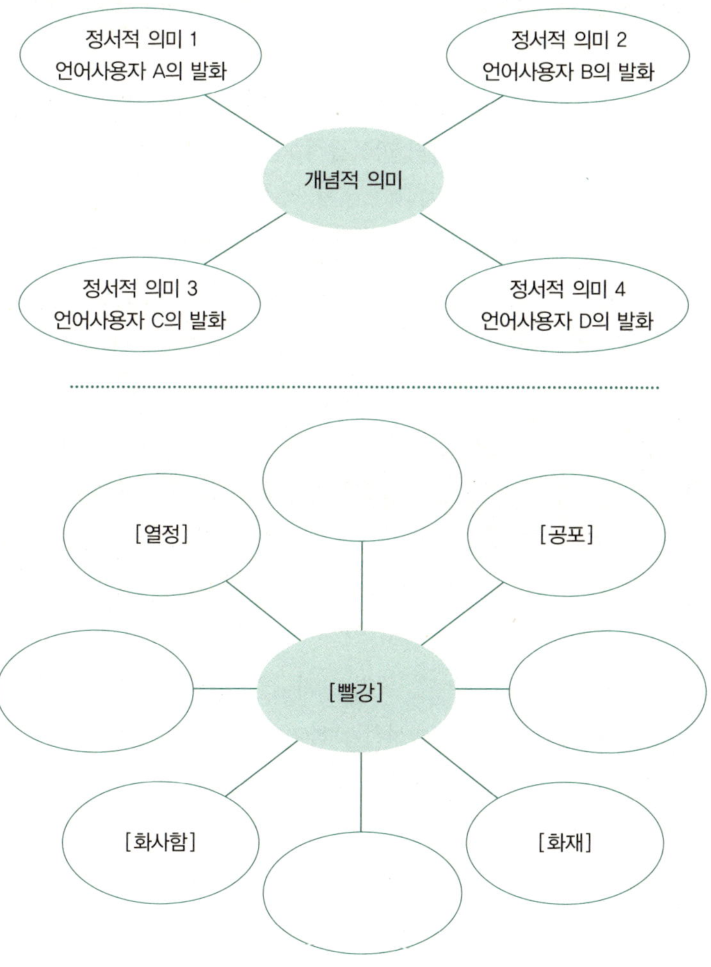

11

반사적 의미란 무엇인가?

◆ **반사적 의미** *reflected meaning* 는 하나의 언어 형식이 지니는 다양한 개념적 의미가 서로 다른 연상과 그에 따른 반응을 일으키면서 발생하는 의미이다.

◆ {신神}이라는 단어는 [종교적 대상으로 초인간적인 위력을 지닌 절대적 존재/ 귀신/ 하나님] 등의 개념적 의미를 지니는 것으로 볼 수 있다. [종교적 대상으로 초인간적인 위력을 지닌 절대적 존재]라는 개념적 의미는 토속 신앙에서 절대적인 존재에 해당하는 [귀신]을 연상하게 하고, 기독교에서 절대적인 존재에 해당하는 [하나님]을 연상하게 한다. 우리는 [귀신]이라는 개념적 의미를 통해서는 부정적인 반응을 보일 수 있다. 그러나 [하나님]이라는 개념적 의미를 통해서는 긍정적인 반응을 보일 수 있다. 또한 교회에서는 {아버지父}라는 표현을 사용하는데, 이는 [자기를 낳아 준 남자를 이르거나 부르는 말]이라는 개념적 의미를 통해서 [인간을 만든 하나님]이라는 개념적 의미를 연상하게 하고, 하나님이 인간에게 절대적인 존재이면서도 아버지처럼 가까운 존재라는 사실을 반영하기 위하여 사용한 표현이라고 할 수 있다.

◆ 문학 작품에서 반사적 의미는 독자로 하여금 다른 의미를 연상하게 하여 작가의 의도와는 다른 의미로 해석하게 하거나 이해하게 만들 수도 있다. 예를 들어 한용운의 「님의 침묵」에서 {님}은 [사랑하는 사람]이라는 개념적 의미를 지니는 단어이지만, 당시의 시대상을 반영하면 [나라]로 해석할 수 있다. 뿐만 아니라 한용운이 불제자라는 점을 반영하면 [부처]로 해석할 수도 있다. 이와 같이 하나의 언어 형식이 지시하는 개념적 의미가 다른 개념적 의

미를 연상하게 하고 서로 다른 반응과 의미 해석을 가능하게 하는 것은 반사
적 의미로 인한 것이다.

? 다음 자료에서 인지할 수 있는 의미는?

　　ㄱ. 우리 어머니는 <u>하늘</u> 나라에 계신다

　　ㄴ. <u>하늘</u>은 스스로 돕는 자를 돕는다

　　ㄷ. 네가 착한 것은 <u>하늘</u>이 알고 땅이 안다

　　ㄹ. <u>하늘</u>이 무섭지도 않니?

　　ㅁ. <u>땅</u>으로 먹고 산다

　　ㅂ. <u>땅</u>을 디디고 산다

　　ㅅ. <u>님</u>이 오시나 보다

　　ㅇ. <u>님</u>은 먼 곳에

12

연어적 의미란 무엇인가?

◆ **연어적 의미** *collocative meanimg* 란 하나의 언어 형식이 다른 형식과의 공기 관계 *co-occurrence relation* 를 이루면서 연상할 수 있는 의미이다. 예를 들어 {귀엽다}라는 단어는 {소녀, 동생, 병아리} 등과 같은 표현과 자주 결합하고, {할아버지, 형, 사자} 등과 같은 표현과는 자주 결합하지 않는다.

ㄱ. <u>귀여운</u> 소녀/ 동생/ 병아리

ㄴ. <u>귀여운</u> 할아버지/ 형/ 사자

⇒ (ㄱ)과 같은 언어 형식의 결합이 (ㄴ)과 같은 언어 형식의 결합보다 자연스럽다. 우리는 (ㄱ)에서 [귀엽다]는 작고 예쁘다는 연어적 의미를 인지할 수 있다. 그러나 (ㄴ)에서는 [귀엽다]의 의미를 인지하기 어렵다.

ㄷ. 키는 나보다 크지만

몸무게는 나보다 무겁지만

나이는 나보다 많지만

가끔은 아이 같은 <u>귀여운</u> 사람

(신현숙 「귀여운 사람」 중에서)

⇒ (ㄷ)에서도 우리는 [귀엽다]는 연어적 의미를 인지할 수 있다.

◆ 연어적 의미는 시대에 따라 조금씩 다르게 나타난다. 이는 언어 형식 사이의 부자연스러운 결합이 특별한 의미를 전달하거나 시대의 흐름에 맞추어 자연스러운 결합으로 용인되기 때문이다. 예를 들어 {착하다}라는 형용사는 일

이나 인간의 성격을 표현하는 데 쓰였으나 최근에는 사물이나 인간의 외모까지 확장되어 쓰이면서 언어사용자의 마음에 드는 대상임을 강조하는 표현으로 자리를 잡아가고 있다.

ㄱ. <u>착한</u> 일/ 성격/ 사람

ㄴ. <u>착한</u> 라면/ 가격/ 몸매

⇒ {착하다}가 지시하는 연어적 의미는 (ㄱ)과 같이 쓰이던 것에서 (ㄴ)과 같은 쓰임으로 확장되면서 연어적 의미도 변화되고 있다.

? 우리는 연어적 의미를 통해서 유의어의 의미 차이도 밝힐 수 있다.

ㄱ. {즐겁다}: 「형용사」 마음에 거슬림이 없이 흐뭇하고 기쁘다.

ㄴ. {기쁘다}: 「형용사」 마음에 즐거운 느낌이 있다.

ㄱ'. 즐거운 {소풍/ 놀이/ 학교생활/ 인생}

ㄴ'. ?기쁜 {소풍/ 놀이/ 학교생활/ 인생}

13

주제적 의미란 무엇인가?

◆ **주제적 의미** *thematic meaning* 는 **의도된 의미** *intended meaning* 또는 **초점** 과 함께 논의된다. 언어사용자가 어순을 바꾸거나 초점을 두어 강조하는 것 이 일반적이다.

　ㄱ. 나는 <u>딸기</u> 먹고 싶은데

　ㄴ. 나는 <u>딸기가</u> 먹고 싶은데

　⇒ 언어사용자가 {딸기}에 초점을 두기 위하여 조사 {가}를 사용하였다.

　ㄷ. 나는 먹고 싶은데, <u>딸기가</u>

　⇒ 언어사용자가 {딸기}를 강조하기 위하여 어순을 바꾸었다.

◆ 언어사용자가 어순을 바꾸거나 초점을 두어 표현하여도 개념적 의미는 차 이가 없다. 예를 들어 {사냥꾼이 꿩을 잡았다}와 {꿩을 사냥꾼이 잡았다}의 개념적 의미는 같다. 그러나 언어사용자가 표현하고자 하는 주제적 의미는 다르다.

　ㄱ. <u>사냥꾼이</u> 꿩을 잡았다.

　⇒ 언어사용자는 {사냥꾼}에 초점을 두고 표현하였다.

　ㄴ. <u>꿩을</u> 사냥꾼이 잡았다.

　⇒ 언어사용자는 {꿩}에 초점을 두고 표현하였다.

14

중심 의미와 주변 의미는 어떤 차이가 있는가?

◆ **중심 의미**_core meaning_와 **주변 의미**_peripheral meaning_의 구분은 의미 유형에 관한 논의와 연결된다. 이 의미 유형은 하나의 형식과 관련된 의미 유형으로 구체적인 문맥에서 실현되는 의미이다.

◆ 사용빈도가 높거나 사용된 시기가 앞서서 언어사용자가 **형식—의미**와 같이 밀접하게 관련되는 의미로 인지하면 중심 의미라 할 수 있다. 그리고 사용빈도가 낮거나 극히 제한된 문맥에서만 실현되는 것으로 인지하여 **형식…의미**의 관계를 느슨한 것으로 인지한다면 주변 의미라 할 수 있다. 예를 들면, 동사 {가다}의 중심 의미와 주변 의미는 다음과 같이 구분할 수 있다.

> ㄱ. 희지는 학교에 <u>갔다</u>.
> ⇒ 이 문장에서 동사 {가다}는 [움직임]이라는 의미로 사용되었으며, 이는 {가다}의 중심 의미라고 할 수 있다.
> ㄴ. 김치 맛이 <u>갔다</u>.
> ⇒ 이 문장에서 동사 {가다}는 [변화]라는 의미로 사용되었으며, 이는 [움직임]보다 주변 의미라고 할 수 있다.

◆ 사전편찬자는 하나의 단어가 지니는 의미를 기술할 때 중심 의미에 해당하는 것을 먼저 기술한다. 따라서 사전에서 처음으로 기술하는 의미가 대부분 중심 의미에 해당한다고 할 수 있다. 한편 중심 의미와 주변 의미를 중심 뜻과 변두리 뜻으로 구분하고 특별한 상황을 제시하지 않으면 중심 뜻으로

그 말을 이해하는 것이 보통이라는 견해도 있다.

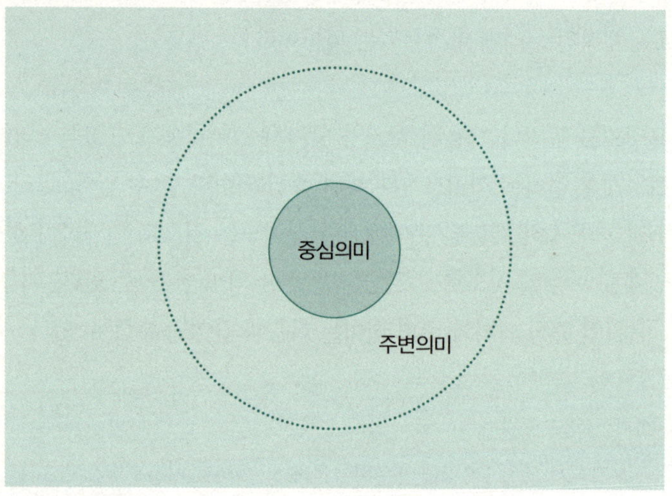

❓ 다음 예문에서 {손}이 중심 의미로 쓰인 것과 주변 의미로 쓰인 것을
구별해 보자.

ㄱ. 집에 돌아오면 손을 씻어라.

ㄴ. 이제 그와 손을 잡겠다.

ㄷ. 바쁜데 손이 모자란다.

ㄹ. 잡채는 손이 많이 간다.

ㅁ. 지난 달에는 손놓고 있다가 손해를 많이 봤다.

15

외연과 내포는 어떤 차이가 있는가?

◆ **외연** *extension, denotation* 은 지시된 외적 사물을 가리키는 용어이다. 예를 들어 {의자}의 외연은 [책상 의자/ 식탁 의자] 등 지시할 수 있는 모든 의자가 된다.

◆ **내포** *intension, connotation* 는 외연과 대조되는 용어로 **암시** *connotation* 라고도 하며 외연을 만족시킬 수 있는 지시물의 속성이라 할 수 있다. 곧 집합을 이루고 있는 하나의 원소가 공통적으로 가지고 있는 어떤 속성 또는 그러한 속성의 집합을 내포라고 할 수 있다. 곧 {의자}의 내포는 [다리가 있고, 나무로 만들어졌으며, 앉을 수 있는 자리 부분이 있다] 등의 속성이 합해진 것이다.

◆ **외연적 의미**와 **내포적 의미**는 서로 구분되는 의미이다. 이 구분은 언어사용자가 함축하는 것이 무엇인가, 또는 특정 단어가 얼마나 많은 사물에 적용될 수 있는가에 따라 결정된다.

   ㄱ. {**사람**은 사람다워야 한다}에서 첫 번째 {사람}의 의미:

      외연적 의미로서 일반적으로 지칭하는 [(대상으로서의) 사람]을 의미한다.

   ㄴ. {사람은 **사람**다워야 한다}에서 두 번째 {사람}의 의미:

      내포적 의미로 정상적으로 가지고 있는 속성이나 인격을 가진 사람, 곧 [사람다운 사람]을 의미한다.

◆ 외연과 내포를 구별함으로써 어떤 두 표현이 외연은 동일하지만 내포는 다른 경우를 설명할 수 있다. 예를 들어 {샛별 *the morning star*}과 {개밥바라기 *the evening star*}는 둘 다 금성을 가리켜 외연은 동일하지만 상황에 따라 내포가 달라진다.

? 아래의 두 표현은 외연은 동일하지만 내포는 다르다. 다음 상황에서 어떤 표현이 적절할까?

{소금}, {염화나트륨}

　ㄱ. 실험실에서 사용할 {소금/ 염화나트륨}을 사 와라.

　ㄴ. 국이 싱거워서 {소금/ 염화나트륨}을 넣어야겠다.

? 다음 자료가 지시하는 의미는 무엇일까?

　ㄱ. 선생은 선생다워야 한다.

　ㄴ. 아이가 아이답지 않다.

　ㄷ. 아버지 노릇하기도 쉽지 않다.

　ㄹ. 우리 선생님은 친구 같다.

3장

의미 속성과 의미 관계

01

어휘소 사이의 의미 관계는
어떻게 설명할 수 있을까?

◆ 의미를 바탕으로 한 단어와 단어 사이의 관계는 사실상 단어가 가지는 의미와 의미 사이의 관계와 같다. **의미 관계**는 일반적으로 **계열 관계**와 **결합 관계**로 구분하여 다루어진다.

◆ 계열 관계는 단어의 의미가 종적으로 대치되는 관계이다. 이와 같은 계열 관계로는 **유의 관계, 대립 관계, 상하 관계**가 있다. 결합 관계는 단어의 의미가 횡적으로 연관되는 관계를 말한다. 곧 둘 이상의 단어가 결합하여 이루어지는 의미 관계이다.

ㄱ. 나는 어머니 와 쇼핑을 했다.

      엄마

      아버지

      아빠

ㄴ. 그는 밤낮으로 책을 읽는다.

⇒ (ㄱ)에서 {어머니}와 {엄마}는 서로 대치가 가능한 유의 관계에 있는 단어이다. 이와 같이 유의 관계에 있는 단어뿐만 아니라 대립 관계에 있는 {아버지}나 {아빠}도 종적으로 대치가 가능한 계열 관계에 속한다. (ㄴ)에서 {밤낮}은 {밤}과 {낮}이 결합 관계를 이룬 것이고, {책을 읽는다}는 {책}과 {읽다}가 결합 관계를 이룬 것이다.

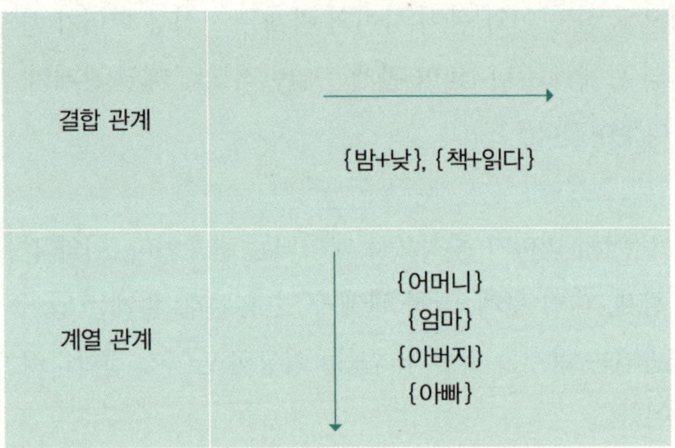

? 결합 관계에서 어순의 결합 원리를 생각해 보자.

ㄱ. 여기저기/ *저기여기; here and there/ *there and here

ㄴ. 이것저것/ *저것이것; this and that/ *that and this

ㄷ. 早晚間/ *晚早間; sooner or later/ *later or sooner

ㄹ. 國內外(競技)/ *國外內(競技); home and away (game)/ *away and home (game)

ㅁ. 신사숙녀여러분; ladies and gentlemen

02

유의 관계와 동의 관계는
어떤 차이로 설명할 수 있을까?

◆ **유의 관계**란 비슷한 의미를 지시하는 어휘 사이에 성립하는 관계이다. 예를 들어 {어머니}와 {엄마}는 동일한 대상을 지시하는 어휘 항목이나 언어사용자의 연령이나 친소 관계 등에 따라 서로 다른 문맥이나 상황에서 선택되기 때문에 유의 관계에 있다고 할 수 있다. 이와 같이 유의 관계에 있는 어휘 항목을 유의어라고 한다.

ㄱ. 어머니, 점심 드세요.

ㄴ. 엄마, 점심 먹어.

⇒ (ㄱ)과 (ㄴ)에서와 같이 {어머니}와 {엄마}는 서로 다른 문맥이나 상황에서 선택되는 유의어이다.

◆ 학자에 따라서는 유의 관계라는 개념이나 용어보다는 **동의 관계**라는 개념이나 용어를 사용하는 것이 더욱 적절하다고 말하기도 한다. 동의 관계란 같은 의미를 지니는 어휘 사이에 성립하는 관계이다. 그러나 개념적인 의미를 비롯하여 내포적인 의미, 나아가 사용되는 문맥이나 상황까지 완벽하게 일치하는 어휘는 거의 존재하지 않는다. 따라서 동의 관계에 있는 어휘, 곧 동의어를 찾기는 쉽지 않다.

◆ 임지룡(1992: 137)에서는 동의 관계의 개념 속에 존재하는 유의 관계의 개념을 언급하며 다음과 같이 동의어를 구분하였다.

◎ 절대적 동의어

개념 의미 · 연상 의미 · 주제 의미가 동일하며 모든 문맥에서 치환이 가능함.

◎ 상대적 동의어

문맥상 치환은 가능하나 개념 의미만 동일함.

제한된 문맥에서 개념 의미 · 연상 의미 · 주제 의미가 동일하고 치환이 가능함.

◆ 우리는 다양한 한국어 높임 표현이나 방언 속에서 유의 관계를 확인할 수 있다.

ㄱ. 밥 – 진지/ 집 – 댁/ 딸 – 따님/ 아들 – 아드님

먹다 – 잡수시다/ 자다 – 주무시다/ 죽다 – 돌아가시다

ㄴ. 할아버지 – 할배/ 할머니 – 할매/ 형님 – 성님

먹다 – 묵다/ 기겁하다 – 식겁하다/ 단단히 – 단디

ㄷ. autumn – fall

ㄹ. sandwich – butty

　　　　　　　　　　　　　　　　한국어 **특강 1** 의미와 의미 분석

언어사용자가 유의어 목록 중에서 하나의 어휘소를 선택하는 이유는 무엇일까?

◆ 언어사용자는 **공식적인 상황**과 **비공식적인 상황**에서 서로 다른 어휘를 선택하여 사용한다. 곧 공식적인 상황에서는 격식을 갖춘 것으로 보이는 어휘를 사용하는데, 한국어에서는 주로 한자어나 외래어가 이러한 역할을 담당한다. 그러나 최근에는 한글에 대한 관심이 높아지면서 고유어를 쓰려는 노력으로 고유어가 더욱 폭넓게 사용되기도 한다.

> ㄱ. 이 – 치아 齒牙/ 술 – 약주 藥酒
>
> ㄴ. 잔치 – 파티 *party*/ 솜씨 – 테크닉 *technic*
>
> ㄷ. 식량 食糧 – 먹거리/ 서클 *circle* – 동아리

◆ 언어사용자가 전문 분야에 속하면 **일상어**와는 다른 **전문어** *technical terms* 를 선택하여 사용하게 된다.

> ㄱ. 약학: 머큐로크롬 *mercurochrome* – 빨간약
>
> ㄴ. 화학: 염화나트륨 *sodium chloride* – 소금
>
> ㄷ. 군대: 얼차려 – 체벌

◆ 언어사용자는 자신의 심리적 태도를 드러내거나 사회적 분위기나 흐름을 반영하기 위하여 내포 의미가 다른 어휘를 선택하여 사용한다. 이와 같은 어휘 선택에는 **완곡어법** *euphemism* 이 포함된다.

> ㄱ. 죽다 – 돌아가다/ 변소 – 화장실
>
> ㄴ. 간호원 – 간호사/ 동무 – 친구/ 순사 – 순경 – 경찰

둘 이상의 유의어가 함께 쓰이면 어떤 결과가 나타날까?

◆ 오랜 시간 계속해서 둘 이상의 유의어가 함께 쓰이며 경쟁을 한다.

　　사람 – 인간 人間/ 목숨 – 생명 生命/ 달걀 – 계란 鷄卵

◆ 둘 이상의 유의어가 함께 쓰이다가 하나는 계속해서 쓰이고 다른 하나는 점차 사라지게 된다.

　　산 山 – 뫼/ 천 千 – 즈믄/ 바다 – 바롤/ 크다 – 하다

◆ 유의어가 계속해서 함께 쓰이다가 서로 하나의 단어로 결합이 되는데, 이를 **유의어 반복**_tautology_ 이라고 한다. 동의어를 중심으로 이러한 의미 관계를 설명하는 학자들은 이를 **동의어 중복**이라고 한다.

　　ㄱ. 틈 + 사이 → 틈새
　　ㄴ. 가마 + 솥 → 가마솥
　　ㄷ. 담 + 장 牆 → 담장

◆ 유의어가 함께 쓰이면서 하나의 단어가 지시하는 범위나 의미 영역이 변한다. 곧 의미가 확대되거나 축소되거나 전이된다.

　　ㄱ. 백 百 – 온 百 〉 全體

ㄴ. 형체 形體 – 얼굴(形體 〉 顔)

ㄷ. 모자 – 감투(모자 〉 벼슬)

◆ 유의어가 함께 쓰이면서 하나의 단어가 지니는 의미의 가치가 변한다. 곧
의미의 가치가 향상되거나 하락한다.

ㄱ. 표적 標的 – 보람(標的 〉 좋은 결과)

ㄴ. 여자 女子 – 계집(女子 〉 여자의 낮춤말)

? 완곡한 표현과 그 의미를 생각해 보자.

ㄱ. fall asleep (die)

ㄴ. under the weather (ill)

ㄷ. little girl's room (toilet)

ㄹ. 편찮으시다(아프시다)

ㅁ. 정신이 나가다(미치다)

ㅂ. 세상을 떠나다(죽다)

유의어 경쟁 과정에서 우리는 어떤 원리를 발견할 수 있을까?

◆ 세상 일에 **경제성의 원리**가 적용되듯이 유의어 세계에서도 음절 경제성의 원리가 적용된다. 곧 음절이 짧은 단어가 경쟁력이 있다. 한국어에서는 한자어가 고유어보다 음절이 짧아 경제성 원리에서 우위를 차지하였다.

강 江 – ᄀᆞ름/ 문 門 – 지게/ 용 龍 – 미르

◆ 둘 이상의 유의어 가운데 동음어를 가지지 않는 단어가 경쟁에서 살아남는다. 동음어를 가진다는 것은 또 다른 단어와 경쟁한다는 것인데 경쟁 관계가 많이 형성된 것일수록 충돌에서 살아남기 어렵다.

ㄱ. 이자 利子 – 길[1] (길[2][道]와 동음 충돌)
ㄴ. 농사 農事 –(녀름 〉) 여름[1] (여름[2][夏]과 동음 충돌)

◆ 유의어 가운데 문화적으로 우위에 있는 단어가 경쟁에서 살아남는다. 한국어에서는 고유어보다 한자어나 외래어가 문화적으로 우위에 있고, 지역 방언에서는 서울 · 경기 방언이 문화적으로 우위에 있다.

ㄱ. 단오 端午 – 수리/ 비단 緋緞 – 깁
ㄴ. 리포트*report* – 보고서/ 프로젝트*project* – 연구과제
ㄷ. 배추 – 배차(강원, 경기, 경상, 충청)/ 무 – 무시(경상, 전라)

유의어 의미 차이를 밝힐 수 있는 좋은 방법은 없을까?

◆ 울만*Ullmann, S*은 교체 검증*substitution test*, 대립 검증*opposite test*, 배열 검증*arrange tast*을 제시하였다.

◆ **교체 검증**은 한 언어 형식이 사용된 문맥이나 상황에 다른 언어 형식을 넣어 보는 방법이다. 언어 형식을 교체할 수 없는 문맥이나 상황에서 우리는 유의어의 의미 차이를 밝힐 수 있다.

ㄱ. 축구 선수들이 열심히 <u>뛰고/ 달리고</u> 있다.

ㄴ. 버스가 갑자기 <u>*뛰기/ 달리기</u> 시작했다.

ㄷ. 우유 값이 갑자기 <u>뛰었다/ *달렸다</u>.

⇒ 동사 {뛰다}와 {달리다}에서 우리는 [빠른 속도로 움직임]이라는 의미를 찾을 수 있다. 그러나 (ㄴ), (ㄷ)과 같이, {뛰다}보다는 {달리다}가 자연스러운 문맥도 있고, {달리다}보다는 {뛰다}가 자연스러운 문맥도 있다. 이와 같은 차이로 우리는 의미 차이를 밝힐 수 있다.

◆ **대립 검증**은 대립 관계에 있는 언어 형식을 대응시켜 보는 방법이다. 대립어를 대응시켜 보면 유의어 사이의 의미 차이가 더욱 뚜렷하게 드러난다.

ㄱ. 맑다 ↔ 흐리다 : 깨끗하다 ↔ 더럽다

ㄴ. 옳다 ↔ 그르다 : 맞다 ↔ 틀리다

◆ **배열 검증**은 의미 차이가 잘 드러나지 않은 언어 형식을 일정한 기준에 따라 배열해 보는 방법이다. 예를 들면 하나의 기준을 가지고 배열해 보면 하나의 틀 속에서 의미 차이를 인지할 수 있다.

> ㄱ. 가끔 – 종종 – 자주 – 늘
> ㄴ. 따스하다 – 따뜻하다 – 뜨겁다

? {내 생각은 너하고 틀려}는 적절한 표현인가? {다르다}와 {틀리다}의 의미 차이를 밝혀 보자.

> ㄱ. 다르다 ↔ ______, 틀리다 ↔ ______
> ㄴ. 크기와 모양이 아주 {다르다/ *틀리다}.
> ㄷ. 생각을 잘못하여 답이 {*다르고/ 틀리고} 말았다.
> ㄹ. 이 출판사 책은 뭐가 {달라도 달라/ *틀려도 틀려}.
> ㅁ. 한 형제인데 생각은 아주 {다르다/ *틀리다}.

   한국어 특강 1 의미와 의미 분석

유의어 {얼굴}과 {낯}은 어떤 공통의미와 개별의미를 지시하는가?

◆ {얼굴}과 {낯}은 다음과 같은 문맥에서 교체가 가능하다.

    ㄱ. 얼굴이 두껍다/ 낯이 두껍다

    ㄴ. 얼굴이 뜨거워서 혼났다/ 낯이 뜨거워서 혼났다

    ㄷ. 얼굴을 들고 다니기 어렵다/ 낯을 들고 다니기 어렵다

◆ 그러나 다음과 같은 문맥에서는 교체하기 어렵다.

    ㄱ. 잘생긴 <u>얼굴</u>/ *<u>낯</u>

    ㄴ. 기쁨이 충만한 <u>얼굴</u>/ *<u>낯</u>

    ㄷ. 영화계에 새 <u>얼굴</u>이/ *<u>낯</u>이 등장하였다.

    ㄹ. 고려청자는 고려 시대 문화재의 대표적 <u>얼굴</u>/ *<u>낯</u>이다.

    ㅁ. 그를 볼 *<u>얼굴</u>이/ <u>낯</u>이 없다.

    ㅂ. <u>얼굴</u>이/ *<u>낯</u>이 예쁘다.

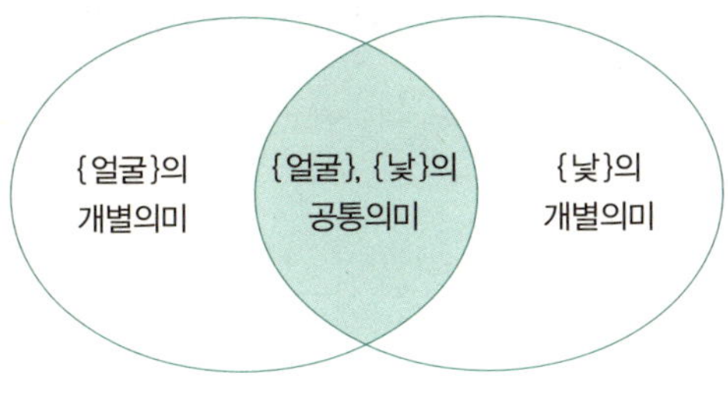

대립 관계를 지시하는 어휘를 어떻게 설명할 수 있을까?

◆ **대립 관계**는 서로 대립되는 의미를 가진 어휘 사이에 성립하는 관계로서, 대립과 비슷한 개념으로 반대 또는 상대라는 용어를 사용하기도 한다. 따라서 이러한 관계를 이루는 어휘를 **반의어, 대립어, 상대어** 등으로 정의한다.

◆ 대립 관계에 있는 반의어의 모든 속성이 대립을 이루는 것은 아니다. 대립 관계는 상호 공통된 속성을 많이 갖춘 바탕 위에서 한 가지 속성이 다를 때 성립되는 의미 관계이기 때문이다. 곧 반의어는 형태적으로나 의미적으로 동일한 어휘장에 속하는 어휘이다.

ㄱ. {살다 ↔ 죽다}/ {살다 ↮ 죽음}

ㄴ. {살다 ↔ 죽다}/ {살다 ↮ 가다}

⇒ (ㄱ)에서와 같이 {살다}가 동사이기 때문에 형태적으로 동일한 범주에 속하는 동사 {죽다}와는 반의어를 이루지만, 형태적으로 서로 다른 범주에 속하는 명사 {죽음}과는 반의어를 이루지 않는다. 그리고 (ㄴ)에서 {살다}와 {죽다}는 의미적으로 인간의 삶과 관련된 범주에 속하기 때문에 반의어를 이루지만, {가다}는 이동과 관련된 범주에 속하기 때문에 {살다}와 반의어를 이루지 않는다.

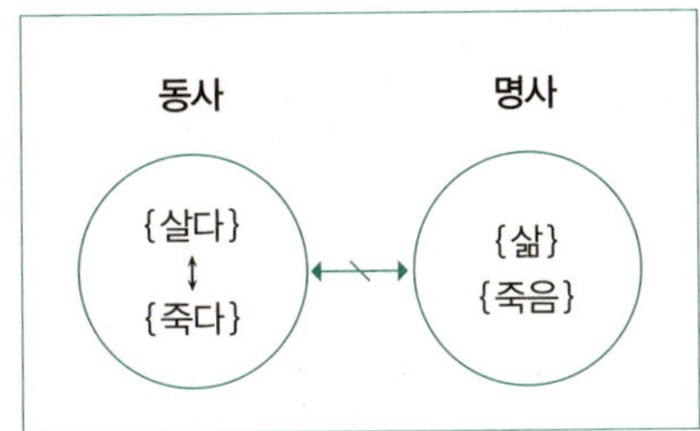

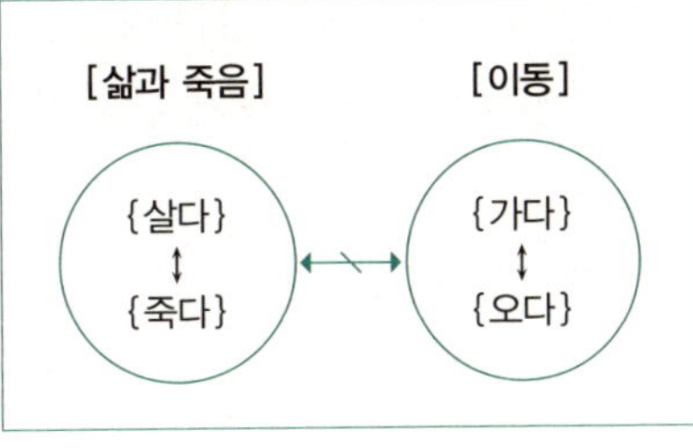

ㄱ. 형태 범주와 반의어　　　　ㄴ. 의미 범주와 반의어

? 우리는 {어머니}의 반의어로 {아버지}를 연상하는 경우가 많다. 왜 {딸}이나 {아들}이 아닌 {아버지}가 반의어로 연상되는 것일까? 어휘가 지시하는 공통의미와 개별의미를 바탕으로 의미 관계를 정리해 보자.

? 다음 어휘 사이에 성립하는 의미 관계는?

　　ㄱ. {bad} : {good}

　　ㄴ. {big} : {little}

　　ㄷ. {black} : {white}

　　ㄹ. {bottom} : {top}

　　ㅁ. {clean} : {dirty}

09

반의어 사이의 대립 관계는
어떤 양상으로 나타날까?

◆ 반의어 사이의 대립 관계 양상은 동일하지 않다. 학자마다 분류 기준이나 용어 차이는 있으나 크게 세 가지 양상으로 나타난다고 할 수 있다.

◆ 첫째, 반의어 관계에 있는 단어의 의미 영역이 둘로 양분되는 대립 관계가 있다. 이들 단어의 의미 영역 사이에는 중간 영역이 존재하지 않는다.

{참}	{거짓}
{남성}	{여성}
{살다}	{죽다}
{출석하다}	{결석하다}

◆ 둘째, 반의어 관계에 있는 단어의 의미 영역이 대립을 이루기는 하나, 이들 단어의 의미 영역 사이에 다양한 중간 영역이 존재하는 대립 관계가 있다. 형용사 반의어가 주로 이러한 대립 관계를 형성한다.

{길다}	{길다}와 {짧다}의 중간 영역	{짧다}
{많다}	{많다}와 {적다}의 중간 영역	{적다}
{덥다}	{덥다}와 {춥다}의 중간 영역	{춥다}
{좋다}	{좋다}와 {나쁘다}의 중간 영역	{나쁘다}

◆ 임지룡(1992: 163)에서는 {짧다}와 {길다}를 다음과 같이 그리고 있다.

짧다	M	길다

◆ 셋째, 반의어 관계에 있는 단어의 의미 영역이 서로 대칭을 이루는 대립 관계가 있다. 이들 단어의 의미 영역은 일정한 기준을 중심으로 직선상에서 서로 반대 방향에 위치하게 된다.

남↔북, 시작↔끝, 가다↔오다

? 여러 의미를 갖는 {서다}의 대립어는 어떻게 나타날까?

{서다} ㄱ. 일어나다↔

ㄴ. 멈추다↔

ㄷ. (체면이) 서다↔

ㄹ. (날이) 서다↔

ㅁ. (체계가) 서다↔

하나의 어휘소나 단어는 하나의 반의어를 가질까?

◆ 하나의 단어는 하나의 반의어를 가지는 경우도 있으나, 둘 이상의 반의어를 가지는 경우도 많다. 이와 같이 하나의 단어가 둘 이상의 반의어를 가지는 것은 크게 두 가지 이유가 있다.

◆ 첫째, 하나의 단어가 가지는 의미 속성 가운데 어떤 것에 초점을 맞추는가에 따라 반의어가 달라질 수 있다. 예를 들어 {소녀}라는 단어가 가지는 의미 속성 가운데 [−남성]이라는 것에 초점을 맞추면 [+남성]인 {소년}이 반의어가 될 것이다. 반면에 {소녀}라는 단어가 가지는 의미 속성 가운데 [−성인]이라는 것에 초점을 맞추면 [+성인]인 {처녀}가 반의어가 될 수 있다. 따라서 우리는 다음과 같은 문장을 실제 대화에서 사용할 수 있는 것이다.

ㄱ. 그 집에 살고 있는 것은 소녀가 아니라 소년이었다.
ㄴ. 그녀는 이미 소녀티를 벗은 처녀가 되어 있었다.

◆ 둘째, 하나의 단어가 여러 가지의 의미를 가지는 다의어인 경우에는 그 의미에 따라서 둘 이상의 반의어를 가질 수도 있다. 예를 들어, {좋다}는 다음과 같은 문맥에서 서로 다른 의미로 해석되며, 또한 각 문맥에서 해석되는 의미에 따라 서로 다른 반의어를 가지는 것으로 파악된다.

ㄱ. 그녀는 성격이 좋다. (↔나쁘다)
ㄴ. 나는 운동이 좋다. (↔싫다)
ㄷ. 그는 비위가 좋다. (↔약하다)

동사 {오르다}의 반의어는 어떻게 설명할 수 있을까?

◆ 대부분의 의미론적 기술에서 동사 {오르다}의 반의어는 {내리다}로 정의한다. 그러나 실제 의사소통 상황에서 {오르다}가 쓰인 문맥과 대립적인 의미를 전달하기 위해서는 {내려가다/ 내려오다}를 쓸 수도 있으며, 어떤 경우에는 {내리다}보다 {내려가다/ 내려오다}를 쓰는 것이 더 자연스러운 경우도 있다. 따라서 {오르다}의 반의어를 {내리다}로 한정하기는 어려우며, {내려가다/ 내려오다}도 {오르다}의 반의어라고 할 수 있다.

ㄱ. 자동차에 <u>오르다</u>.

　(↔ 자동차에서 <u>내리다/ 내려가다/ 내려오다</u>.)

ㄴ. 새해 아침에 한라산에 <u>올랐다</u>.

　(↔ 새해 아침에 한라산에서 [?]<u>내렸다/ 내려갔다/ 내려왔다</u>.)

⇒ 자료 (ㄱ)에서와 같이, {오르다}가 쓰인 문맥과 대립적인 의미를 전달하는 데는 {내리다}와 {내려가다/ 내려오다}가 쓰일 수 있다. 그러나 어떤 경우에는 {내리다}보다 {내려가다/ 내려오다}를 쓰는 것이 더욱 자연스러울 때도 있는데 (ㄴ)은 이를 보여주는 자료이다.

◆ 동사 {오르다}는 다양한 문맥에 쓰이는 다의어이기 때문에 문맥에서 해석되는 의미에 따라 둘 이상의 반의어를 가질 수 있다. 곧 {오르다}의 반의어로는 {내리다}나 {내려가다/ 내려오다}를 비롯하여 {빠지다}, {떨어지다} 등도 포함시킬 수 있다.

ㄱ. 살이 <u>오르다</u>.

(↔ 살이 <u>내리다</u>/ <u>빠지다</u>.)

ㄴ. 성적이 <u>오르다</u>.

(↔ 성적이 <u>내려가다</u>/ <u>떨어지다</u>.)

ㄷ. 기운이 <u>오르다</u>.

(↔ 기운이 <u>빠지다</u>/ <u>떨어지다</u>.)

ㄹ. 열이 <u>오르다</u>.

(↔ 열이 <u>내리다</u>/ <u>내려가다</u>/ <u>떨어지다</u>.)

? 다음과 같은 문맥에서 {오르다}는 다른 단어와 결합하여 만들어진 합성어이다. 합성어의 반의어로 연상되는 단어를 생각해 보자.

ㄱ. 새벽이 되자 해가 산위로 떠올랐다.

ㄴ. 검은 연기가 하늘로 솟아오르고 있다.

? 다음 자료의 관계는?

ㄱ. {happy} : {sad}

ㄴ. {single} : {married}

ㄷ. {buy} : {sell}

ㄹ. {create} : {destroy}

유의어와 반의어의 인지 거리는 어떤 현상으로 나타날까?

◆ 우리는 어떤 단어와 비슷한 의미를 가지는 것은 **유의어**로 정의하고, 대립되는 의미를 가지는 것은 **반의어**로 정의한다. 비록 반의어가 공통된 속성을 많이 갖춘 바탕 위에서 한 가지 속성이 다를 때 성립하는 것이라고 하더라도, 의미론적으로 반의어 사이의 관계가 유의어 사이의 관계보다 친밀하다고 이야기하기는 어렵다.

◆ 의미론적으로 유의어 사이의 관계가 더욱 친밀하다면 우리 머릿속 사전 *lexicon*에서도 반의어보다 유의어가 더욱 가깝게 **저장**되어 있을까? 우리는 다음과 같은 질문에 어떻게 대답할 수 있을까?

> 질문 1: {어머니}라는 단어를 들으면 떠오르는 가장 가까운 단어는 {엄마}인가 {아버지}인가?

> 질문 2: {선생}이라는 단어를 들으면 떠오르는 가장 가까운 단어는 {스승}인가 {학생}인가?

◆ 유의어 사이의 관계가 더욱 친밀하다면 질문 1에서 {어머니}의 유의어인 {엄마}를 선택하고, 질문 2에서 {선생}의 유의어인 {스승}을 선택할 것이다. 그러나 우리들 중에서 상당수는 질문 1에 대한 대답으로 {어머니}의 반의어인 {아버지}를 선택하고, 질문 2에서는 {선생}의 반의어인 {학생}을 선택한다. 이처럼 우리는 어떤 단어에 대해서 유의어보다 반의어를 먼저 인지하는 경향이 있으며, 이는 머릿속에 반의어가 더욱 가깝게 저장되어 있을 것이라는 가설을 뒷받침해 준다.

상하 관계를 지시하는 어휘소 또는 단어를 어떻게 설명할 수 있을까?

◆ **상하 관계**란 하나의 단어가 가지는 의미 영역이 다른 단어가 가지는 의미 영역을 포함하거나 포함되는 경우에 성립하는 관계를 가리킨다. 이들 단어의 의미 영역 사이에는 **계층 구조**가 형성되며, 이러한 계층 구조는 하나의 **의미 장**으로 실현된다.

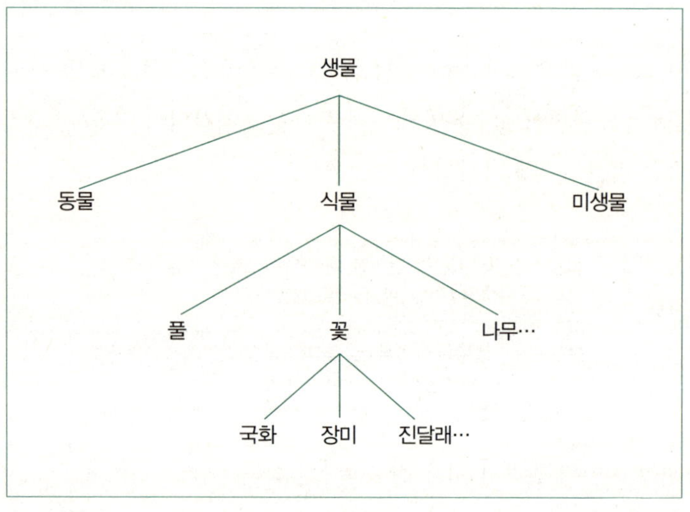

◆ 상하 관계의 계층 구조에서 다른 단어의 의미 영역을 포함하는 것을 **상위어**superordinate term, hyperonym라고 하고, 다른 단어의 의미 영역에 포함되는 것을 **하위어**subordinate term, hyponym라고 한다. 그런데 상위어와 하위어의 개념은 상대적인 것이다. 곧 하나의 단어는 다른 단어와 비교하여 상위어가 될 수도 있고 하위어가 될 수도 있다. 예를 들어 {식물}은 {꽃}의 상위어이

면서 또한 {생물}의 하위어이다. 그리고 {꽃}은 {장미}의 상위어이면서 또한 {식물}의 하위어이다.

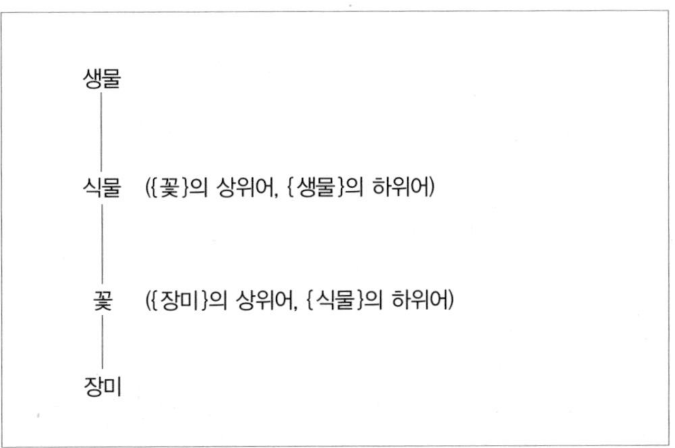

◆ 계층 구조에서의 위치에 따른 상위어와 하위어라는 용어는 의미에 초점을 맞추어 상의어와 하의어로 설명하기도 한다. 다음 자료에서 {비둘기}는 {새}의 하의어이고 {새}는 {동물}의 하의어이다. 또한 {동물}은 {새}의 상의어이면서 {비둘기}의 상의어가 된다.

ㄱ. 비둘기는 새의 일종이다.

ㄴ. 새는 동물의 일종이다.

ㄷ. 비둘기는 동물의 일종이다.

◆ 크리스탈(D. Crystal, 1995: 166)에서는 Hypernyms (Greek 'above' + 'name')와 Hyponyms (Greek 'under' + 'name')으로 어휘 항목의 상하 관계를 설명하였다.

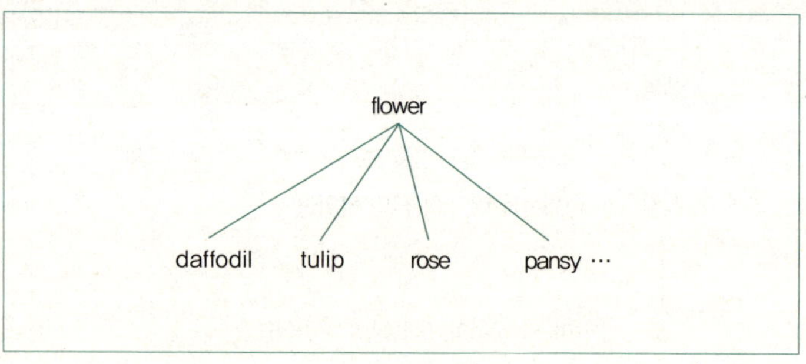

? 자신이 좋아하는 단어를 적고 상하 관계를 그려 보자.

한국어 특강 1 의미와 의미 분석

14

상하 관계의 유형은 무엇을 기준으로 분류할 수 있을까?

◆ 크루스*D. A. Cruse*는 상하 관계의 유형을 상위어가 하위어를 지배하는 데 있어 엄밀한 분류 관계에 있는가, 아니면 느슨한 분류 관계에 있는가에 따라 **상하 관계***hyponymy*와 **유사 상하 관계***pseudo-hyponymy*로 나누었다. 상하 관계에서는 이행성*transitivity*이 항상 성립한다. 그러나 유사 상하 관계에서는 이행성이 성립할 수도 있고, 성립하지 않을 수도 있다.

ㄱ. X는 장미이다. →X는 꽃이다.

ㄴ. X는 칼이다. →X는 무기이다.

⇒ (ㄱ)에서 {장미 → 꽃}의 이행성은 항상 성립한다. 곧 {X}가 {장미}라면 {X}는 언제나 {꽃}이 된다. 따라서 (ㄱ)은 상하 관계를 보여주는 예이다. (ㄴ)에서 {칼 → 무기}의 이행성은 성립할 때도 있으며, 성립하지 않을 때도 있다. 곧 {X}가 {칼}이라고 해서 {X}가 항상 {무기}인 것은 아니며, 때로는 {X}가 {도구}로 사용되기도 하기 때문이다. 따라서 (ㄴ)은 유사 상하 관계를 보여주는 예가 된다.

◆ 크루스*Cruse*는 상하 관계를 **분류 관계***taxonymy*와 **비분류 관계***non-taxonomic hyponymy*로 나누었다. 분류 관계는 {X는 Y의 한 종류이다}에 적합한 경우에 해당한다. 그리고 유사 상하 관계는 **가능 관계***probabilistic*와 **문화 의존 관계***culture-bound*로 나누었다.

ㄱ. 황인종은 사람의 한 종류이다.

ㄴ. [?]<u>의사</u>는 <u>사람</u>의 한 종류이다.

ㄷ. 어떤 <u>개</u>는 <u>애완동물</u>이다.

ㄹ. 어떤 문화권에서는 <u>달팽이</u>가 <u>식용</u>이다.

⇒ (ㄱ)에서 {황인종}과 {사람}은 분류 관계를 보여주는 예로 {X는 Y의 한 종류이다}라는 틀을 통하여 확인할 수 있다. 그리고 (ㄴ)의 {의사}와 {사람}에서와 같이 {X는 Y의 한 종류이다}라는 틀에 넣어 어색한 것은 비분류 관계이기 때문이다. (ㄷ)에서 {개}와 {애완동물}은 가능 관계를 보여준다. 이러한 가능 관계는 {어떤 X는 Y일 수 있다}라는 틀을 통하여 확인할 수 있다. (ㄹ)에서 {달팽이}와 {식용}은 문화 의존 관계의 예로서, 문화권에 따라 상하 관계가 다르게 인지될 수 있음을 보여준다.

? 다음 자료의 의미와 용법을 생각해 보자.

ㄱ. 한국어 조사: {–에/ –로/ –부터/ –까지/ –만/ –도}

ㄴ. 영어 전치사: {to/ at/ from/ on/ off/ into/ in}

? 다음 자료의 의미 차이를 생각해 보자.

ㄱ. 집에 가야지/ 집으로 가야지

ㄴ. 이 선생만 와/ 이 선생도 와

ㄷ. We'll talk over dinner./ They live over the road.

상하 관계를 이루는 상위어와 하위어는 어떤 함의 관계로 설명할 수 있을까?

◆ 상위어와 하위어 가운데 의미 성분의 수가 많은 쪽이 하위어이다. 이는 하위어가 상위어보다 구체적이고 특수한 의미를 가지기 때문이다. 예를 들어 {인간-남자-총각}의 계층 구조에서 의미 성분이 가장 단순한 것은 {인간}이며, 의미 성분이 가장 복잡한 것은 {총각}이다.

```
인간   [+생물] [+인간]
 |
남자   [+생물] [+인간] [+남성]
 |
총각   [+생물] [+인간] [+남성] [+성인] [-결혼]
```

◆ 상하 관계에서 상위어와 하위어 사이에는 **일방 함의**_unilateral entailment_ 관계가 성립한다. 곧 하위어는 상위어를 함의하지만, 상위어는 하위어를 함의하지 않는다. 예를 들어 {X는 남자이다}는 {X는 인간이다}를 함의하지만, {X는 인간이다}가 {X는 남자이다}를 함의하지는 않는다.

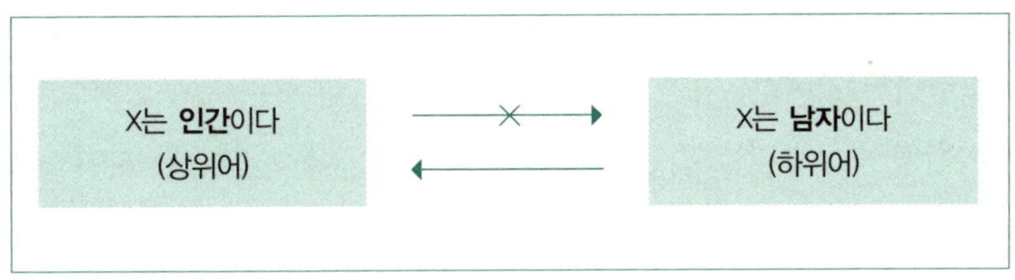

상위어와 하위어의 일방 함의 관계

상하 관계를 지시하는 어휘소 또는
단어 사이에는 어떤 현상이 있을까?

◆ 상위어에 포함되는 하위어의 수는 하나일 수도 있고 둘 이상일 수도 있다. 하위어의 수가 둘 이상이면 이들은 **공하위어** *co-hyponyms* 관계에 있다고 한다. 예를 들어 {국화/ 장미/ 진달래 … }는 모두 {꽃}의 공하위어가 된다. 그런데 우리가 가장 꽃다운 꽃이라고 여기며 {꽃}의 하위어로서 가장 먼저 떠올리게 되는 보기가 항상 같지는 않다. 어떤 사람은 {국화}라고 할 것이고, 어떤 사람은 {장미}라고 할 것이고, 또 어떤 사람은 {진달래}라고 할 것이다. 그러나 사람들의 의견을 종합하여 보면 우리가 가장 꽃다운 꽃이라고 여기는 원형적인 꽃의 특성을 찾을 수 있다.

◆ 심리학자 로쉬 *E. Rosch* 는 사람들이 범주의 명칭에 대하여 더 원형적인 것이라고 여기는 것이 있는지에 대하여 실험을 하였다. 실험 결과에서 원형적인 보기에 대한 사람들의 의견이 일치되었다. 이를 통해 사람들이 원형적인 보기를 통해서 단어의 의미를 이해한다는 **원형 이론** *prototype theory* 이 성립되었다. 원형 이론에서는 사람들이 범주의 가장 원형적인 보기와 유사한 특성을 지닌 것을 동일한 범주로 처리하며, 유사성이 적으면 동일한 범주로 처리하는 데 시간이 오래 걸린다고 하였다. 예를 들어 {참새}를 {새}의 범주로 처리하는 데 걸리는 시간보다 {펭귄}을 {새}의 범주로 처리하는 데 시간이 더 오래 걸린다는 것이다. 이와 같이 범주에 속하는 항목 사이에서 원형적인 보기와 비원형적인 보기를 판단하는 데 걸리는 시간과 관련되는 것이 **원형 효과** *prototype effect* 이다.

◆ 원형의미*proto meaning*는 언어 형식에서 인지할 수 있는 가장 전형적인 의미이다. 사람들이 의미를 이해하는 방식을 심리학적인 실험을 통해서 구체적으로 밝히고자 하였다. 그러나 원형적인 보기가 가지는 특성에 대해서는 명확하게 밝히기 어려운 부분이 있다. 곧 원형을 구성하는 특성을 어떻게 어디까지 추출하는가, 그리고 특성의 다양성을 어떻게 설명하는가, 또한 특성 사이의 우선순위를 어떻게 결정하는가와 관련된 것은 여전히 해결하기 어려운 문제이다.

? 원형이라고 생각하는 항목을 찾아 보자.

ㄱ. 제비, 참새, 닭, 펭귄

ㄴ. 들기름, 콩기름, 올리브기름, 참기름

ㄷ. 파, 양파

ㄹ. 배추, 양배추

? 상하 관계를 지시하는 단어 사이에서 어떤 표현이 자연스러운지, 그 이유는 무엇인지 생각해 보자.

ㄱ. 영희는 치와와와 고양이를 좋아한다. / 영희는 치와와와 샴을 좋아한다.

ㄴ. 정원에는 장미와 동물이 있다. / 정원에는 장미와 비둘기가 있다.

ㄷ. 여름에는 모기와 곤충이 많다. / 여름에는 모기와 파리가 많다.

17

언어 형식이 결합할 때
형태와 의미는 어떻게 달라질까?

◆ **결합 관계**란 둘 이상의 어휘소가 결합하여 하나의 어휘소를 이루게 되는 경우를 가리킨다. 이때 결합하는 어휘소는 형태적으로나 의미적으로 대등한 자격을 갖춘 것이며, 연상의 강도가 높은 어휘소가 결합어의 생성과 밀접한 관련을 가진다.

ㄱ. 논밭/ 남녀

ㄴ. *논높다/ *남오다

ㄷ. *논책상/ *남하늘

⇒ (ㄱ)에서 결합 관계를 이루는 {논}과 {밭}, 그리고 {남}과 {여}는 형태적으로 모두 체언류에 속하는 것으로서 대등한 자격을 갖추었다고 할 수 있다. 그리고 의미적으로도 동일한 범주에 속하는 것으로서 연상의 강도가 높은 관계에 있다고 할 수 있다. 그러나 (ㄴ)에 제시한 {논}과 {높다}, 그리고 {남}과 {오다}는 체언류와 대등하지 않은 용언류가 결합하여 자연스럽지 않다. 또한 (ㄷ)에 제시한 {논}과 {책상}, 그리고 {남}과 {하늘}은 의미적으로 동일한 범주에 속한다고 하기 어려우며, 연상의 강도가 낮아서 자연스럽지 않다. {책상}과 결합을 이루는 데 적합한 것은 의미적으로 동일한 범주에 속한다고 할 수 있는 {걸상}일 것이다. 그리고 {하늘}과 결합을 이루는 데 적합한 것은 {땅}이라고 할 수 있다. 예컨대 {책걸상}이나 {하늘땅}은 자연스러운 결합이다.

◆ 결합 관계가 성립할 때 형태가 변하거나 의미가 변하는 경우도 있다. 물론 형태와 의미가 모두 변하는 경우도 있으나 이는 아주 제한적이다.

ㄱ. 논밭/ 신랑신부　　　　　ㄴ. 오누이/ 엊그제

ㄷ. 밤낮/ 바지저고리　　　　ㄹ. 안팎

⇒ (ㄱ)에 제시한 단어는 형태나 의미에 변화가 없다. 반면에 (ㄴ)에 제시한 단어
는 형태에 변화가 있다. 곧 {오누이}는 {오빠}와 {누이}가 결합하면서 형태
변화가 일어난 것이고, {엊그제}는 {어제}와 {그제}가 결합하면서 형태 변화
가 일어난 것이다. (ㄷ)은 의미 변화가 일어난 것이다. {밤낮}은 [늘]이라는
의미를 지시하며, {바지저고리}는 [허수아비]라는 의미를 지시한다. (ㄹ)에
제시한 {안팎}은 형태와 의미가 모두 변한 것이다.

? 다음 자료의 결합 관계를 생각해 보자.

　　ㄱ. {우리} {친구는} {빨간} {차를} {샀다}

　　ㄴ. {희주} {동생은} {노란} {구두를} {신었다}

? 다음 자료의 의미와 용법은?

　　ㄱ. How do you do?

　　ㄴ. Good night!

　　ㄷ. at second hand

　　ㄹ. by the way

결합 관계는 어떤 원리나 방법으로 새로운 언어 형식과 의미를 생성하는가?

◆ 결합 관계에서는 언어사용자의 인지 과정과 인지 방법에 따라 고정된 어떤 원리나 순서가 발견된다. 곧 선행 요소와 후행 요소의 순서가 임의로 교체되지는 않는다. 이와 같이 언어사용자의 인식에 영향을 받는 것은 주로 수를 지시하는 어휘소끼리의 결합, 성을 지시하는 어휘소끼리의 결합, 그리고 시간이나 거리를 지시하는 어휘소끼리의 결합 등이다.

ㄱ. 하나둘/ *둘하나, 천만번/ *만천번

ㄴ. 부모/ *모부, 형제자매/ *자매형제

ㄷ. 오늘내일/ *내일오늘, 선후배/ *후선배

ㄹ. 여기저기/ *저기여기, 국내외/ *국외내

ㅁ. 앞뒤/ *뒤앞, 상하/ *하상

ㅂ. 잘잘못/ *잘못잘, 승패/ *패승

ㅅ. 장단/ *단장, 강약/ *약강

⇒ (ㄱ)은 수에 대한 언어사용자의 인지 방법을 보여주는 예로서, 작은 수가 큰 수보다 선행한다. (ㄴ)은 성에 대한 인식을 반영한 것으로서, 남성이 여성보다 선행 요소의 자리에 자주 쓰인다. 그러나 예외적으로 {엄마아빠}나 {처녀총각}에서는 여성이 선행 요소의 자리에 쓰인다. 그리고 {비복}이나 {암수}에서와 같이, 비천한 신분이거나 동물인 경우에도 여성이 선행 요소 자리에 쓰인다. (ㄷ)은 시간에 대한 인식을 반영한 것으로서, 앞선 시간이 뒤따르는 시간보다 선행한다. 이는 상태나 동작의 변화를 지시하는 경우에도 그대로 적용되어 {어녹다}나 {오르내리다}와 같은 결합으로 나타난다. (ㄹ)은 거리에

대한 인식이 반영된 것으로서, 가까운 곳이 먼 곳보다 앞에 위치한다. (ㅁ)에
서는 방향에 대한 인지 방법을 볼 수 있다. (ㅂ)에서는 긍정적인 요소에 대한
인지 과정이 우선한다는 것을 알 수 있다. (ㅅ)은 적극적인 요소를 선호하는
언어사용자의 인지 과정이 반영되어 이루어진 결합이다.

? 다음 자료에서 인지할 수 있는 의미는?

   ㄱ. {하얀색}

   ㄴ. {백합}

   ㄷ. {물}

   ㄹ. {불}

? 다음 대화에서 인지할 수 있는 의미는?

   A: 날씨 좋은데!

   B: 등산가자.

   A: 찬수 왔어?

   B: 우리끼리 가자.

19

관용 관계는 어떻게 설명할 수 있을까?

◆ **관용 관계**란 둘 이상의 어휘소가 결합하여 하나의 구를 이루는 경우를 일컫는다. 관용 관계가 성립되는 하나의 구는 형태적으로 고정된 단위가 되며, 의미적으로는 **특수화된 의미**를 가지게 된다.

   ㄱ. 발이 넓다.

   ㄴ. 발이 폭이 넓다.

   ㄷ. 발이 좁다.

   ⇒ (ㄱ)에 제시한 {발이 넓다}는 [사귀어 아는 사람이 많아 활동하는 범위가 넓다]라는 특수화된 의미를 지닌 관용 표현이다. 그러나 (ㄴ)이나 (ㄷ)에서와 같이, 다른 성분을 삽입하거나 대치하게 되면 관용적인 의미가 아닌 글자 그대로의 의미를 지시하게 된다. 곧 특수화된 의미를 가져야 한다는 관용 표현으로서의 조건을 상실하여 일반적인 표현이 된다.

◆ 관용 표현은 구성 방식에 따라 체언형과 용언형으로 나눌 수 있는데, 체언형은 학자에 따라서는 **속담**에 속하는 것으로 보기도 한다. 그리고 관용 표현은 특수화된 의미를 지닌다는 측면에서 **합성어**와 공통점이 있으나, 둘 이상의 어휘소가 결합하여 하나의 구를 이루기 때문에 통사적인 측면에서는 차이가 있다.

   ㄱ. 그림의 떡/ 누워서 떡 먹기

   ㄴ. 기가 죽다/ 비행기 태우다/ 뼈에 사무치다

ㄷ. 물불/ 앞뒤

⇒ (ㄱ)은 체언형 관용 표현을 제시한 것이며, (ㄴ)은 용언형 관용 표현을 제시한 것이다. 이들은 모두 둘 이상의 어휘가 결합하여 구를 이룬 것이기 때문에 (ㄷ)에 제시한 합성어와 구조적으로 다르다.

◆ 한국어에서 동물과 관련된 속담을 살펴보면 {호랑이}가 가장 힘이 있는 동물로 나타난다 (신현숙. 1997: 7 참조).

ㄱ. 호랑이 없는 골에 여우가 왕 노릇 한다.

ㄴ. 호랑이 없는 골에 토끼가 선생이다.

ㄷ. 하룻강아지 범 무서운 줄 모른다.

ㄹ. 해변 강아지 범 무서운 줄 모른다.

ㅁ. An apple a day keeps the doctor away.

ㅂ. A cat may look at king.

❓ 중학교 국어 교과서에 많이 나오는 관용 표현과 그 의미를 생각해 보자.

ㄱ. 국수를 먹다/ 미역국 먹다/ 식은 죽 먹기

ㄴ. 발이 넓다/ 손이 크다/ 발이 묶이다

20

관용 표현의 생성과정은 어떻게 설명할 수 있을까?

◆ 관용 표현이란 글자 그대로의 의미로 쓰이던 어떤 표현이 특정한 상황에서 **비유적인 의미**로 쓰이게 되고, 이와 같은 비유적인 쓰임이 많아지면서 특수화된 의미로 굳어져 생겨나게 된다.

    ㄱ. 손을 들다.

    ㄴ. 시치미를 떼다.

⇒ (ㄱ)에서 {손을 들다}는 실제로 손을 들었을 경우에 사용할 수 있는 일반적인 표현이다. 그러나 패배자가 손을 들고 항복을 하는 상황에서 이는 [항복하다]라는 비유적인 의미로 쓰이기 시작하였고, 이러한 비유적인 쓰임이 굳어지면서 [항복하다]라는 특수화된 의미로 쓰이는 관용 표현이 되었다. (ㄴ)에 제시한 {시치미를 떼다}도 실제로는 매사냥에서 매주인의 주소를 적은 시치미를 떼어 훔치는 상황에 사용하는 표현이었다. 그러나 시치미를 떼는 것과 유사한 상황에서 비유적으로 쓰이기 시작하였고, 매사냥이 사라지면서 본래의 의미로 쓰이던 배경이 잊혀지게 되자 [자기가 하고도 하지 아니한 체하거나 알고 있으면서도 모르는 체하다]라는 특수화된 의미를 지시하는 관용 표현이 되었다.

◆ 관용화의 정도는 의미 해석이 얼마나 투명한가에 따라 몇 가지 유형으로 나눌 수 있다. **의미 해석의 투명성**에 따른 정도와 그에 속하는 관용 표현의 종류는 관점에 따라 다를 수 있다. 그러나 관용 표현이 형성되는 과정의 단계가 높아질수록 의미 해석에 있어서 투명성의 정도는 낮아진다고 할 수 있다.

특히 관용 표현이 생겨나게 된 배경에 대한 정보가 사라지고 그에 대응하는
일반적인 표현이 존재하지 않는 경우에는 의미 해석의 투명성 정도는 아주
낮다.

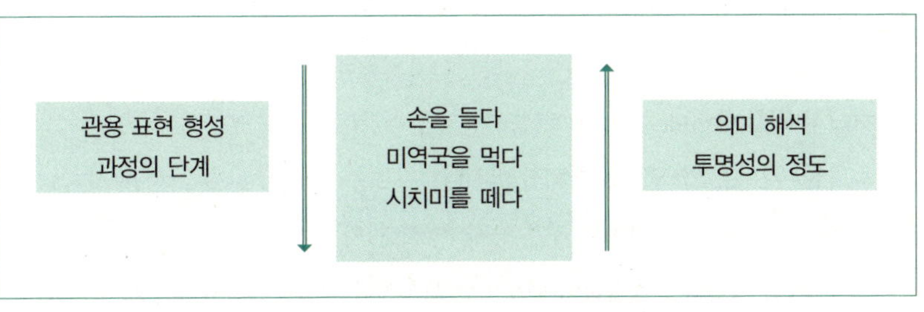

? 한국어 관용 표현을 적고 그 쓰임과 의미를 생각해 보자.

　　ㄱ.
　　ㄴ.
　　ㄷ.
　　ㄹ.

21

연어 관계는 어떻게 설명할 수 있을까?

◆ **연어 관계**란 둘 이상의 어휘소가 결합하여 하나의 구를 이루는 경우에 성립하는 관계이다. 관용 관계도 둘 이상의 어휘소가 결합하여 구를 이룬 것이므로, 연어 관계의 결합 형태와 관용 관계의 결합 형태를 명확하게 구분하기는 어렵다. 그러나 연어 관계의 결합 형태는 관용 관계보다 덜 고정적이고 개방적이어서 결합 가능한 어휘소가 많은 편이다.

ㄱ. {고배}를 마시다.

ㄴ. {물/ 차/ 술/ 약/ 공기/ 가스}를 마시다.

⇒ 자료 (ㄱ)과 (ㄴ)에 제시한 것은 동사 {마시다}와 마실 수 있는 대상을 나타내는 다른 어휘소가 결합하여 이루어진 표현이다. (ㄱ)은 {마시다}가 쓰인 관용 표현이다. {고배를 마시다}는 [실패나 패배 따위의 쓰라린 일을 당하다]라는 의미로 쓰이는 관용 표현이다. (ㄴ)은 {마시다}와 공기 관계에 놓일 수 있는 어휘의 결합을 보인 것이다. 관용 관계에서보다 결합 가능한 어휘가 많아 연어 관계를 이루는 형태에서 나타나는 개방성을 알 수 있다.

◆ 연어 관계란 의미적 **공기 관계**_co-occurrence relation_를 바탕으로 이루어진 결합 관계이다. 하나의 단어가 다른 단어와의 의미적 공기 관계를 통하여 획득하게 되는 의미를 **연어적 의미**_collocative meaning_라고 한다.

ㄱ. {물/ 차/ 술/ 약/ 공기/ 가스}를 마시다.

ㄴ. *{밥/ 떡/ 고기}를 마시다.

⇒ 자료 (ㄱ)에서 {마시다}는 액체나 기체 상태에 있는 대상과 공기 관계를 이룰 수 있음을 알 수 있다. 그리고 이를 통하여 {마시다}의 연어적 의미를 파악할 수 있다. 또한 자료 (ㄴ)에서처럼 고체 상태에 있는 대상과는 공기 관계를 이룰 수 없다는 제약을 통해서도 {마시다}의 연어적 의미는 파악된다.

? 의미적 공기 관계가 두드러지는 동사를 생각해 보자.

ㄱ. 옷을 ______. / 바지를 입다.

ㄴ. 신을 ______. / 양말을 ______.

ㄷ. 모자를 ______. / 안경을 ______.

ㄹ. 목도리를 ______. / 망토를 ______.

ㅁ. 반지를 ______. / 장갑을 ______.

ㅂ. 담배를 ______. / 커피를 ______.

ㅅ. 글씨를 ______. / 그림을 ______.

ㅇ. 노래를 부르다. / 춤을 ______.

22

연어 관계가 성립하는 어휘 사이에는 어떤 제약이 있을까?

◆ 연어 관계를 이루는 어휘 사이에 나타나는 제약을 **공기 제약**_co-occurrence restriction_이라고 한다. 공기 제약은 **선택제한**_selectional restriction_과 **연어 제약** _collocational restriction_으로 구분하기도 한다.

◆ **선택제한**은 공기 관계를 이루는 어휘소가 가지는 개념적이고 핵심적인 의미와 관련되는 공기 제약이다. 따라서 선택제한을 어기는 경우에는 의미적으로 모순이 일어난다.

    ㄱ. 지우는 지금 <u>음악을 듣는다</u>.

    ㄴ. *지우는 지금 <u>그림을 듣는다</u>.

  ⇒ 자료 (ㄱ), (ㄴ)에 쓰인 동사 {듣다}의 개념적이고 핵심적인 의미는 [소리를 지닌 대상을 귀로 받아들이는 행위]와 관련된다. 따라서 (ㄴ)에서와 같이 시각적인 대상과는 공기 관계를 이루기 어려우며, 의미적으로 모순이 생긴다.

◆ **연어 제약**은 공기 관계를 이루는 어휘소가 가지는 개념적이고 핵심적인 의미와 관련되지 않는 공기 제약으로서 관습적인 제약이라고 할 수 있다. 따라서 연어 제약을 어기는 경우에는 모순이 일어나지는 않으나 어색한 표현이 된다. 이와 같은 연어 제약은 선택제한에 비하여 제약의 강도가 약하다고 할 수 있다.

    ㄱ. 그것은 <u>새빨간 거짓말</u>이었다.

ㄴ. [?]그것은 <u>빨간 거짓말</u>이었다.

⇒ 자료 (ㄱ), (ㄴ)에서 보는 바와 같이, 우리는 {거짓말}을 수식하는 어휘소로 {새빨간}을 주로 사용한다. {새빨갛다}와 {빨갛다}는 개념적이고 핵심적인 의미가 비슷한 유의어라고 할 수 있는데, 우리는 관습적으로 {거짓말}을 {새빨갛다}와 결합시킨다. 따라서 (ㄴ)에서와 같이 연어 제약을 어긴 경우에는 유의어를 대치하여 사용할 수 있다.

◆ 하나의 감각이 다른 감각으로 전이되면 감각과 감각 사이에 명확한 경계가 드러나지 않게 되는데, 이러한 현상을 감각의 전이라고 한다. 연어 관계에서도 이러한 감각의 전이가 드러난다. 예를 들어 {보다}는 시각을 표현하는 단어이지만 다른 감각을 표현하는 단어와 큰 제약 없이 연어 관계를 형성한다 (신현숙. 1991: 324 참조).

ㄱ. 맛을 보다

ㄴ. 냄새를 맡아 보다

ㄷ. 소리를 들어 보다

ㄹ. 손을 만져 보다

ㅁ. 따뜻한 시선을 보다

ㅂ. 수초가 부르는 소리를 보다

ㅅ. 보이지 아니하는 그 향기

◆ 손상희(1985: 245)에서는 한국어 전이 방향과 제약을 다음과 같이 제시하고 있다.

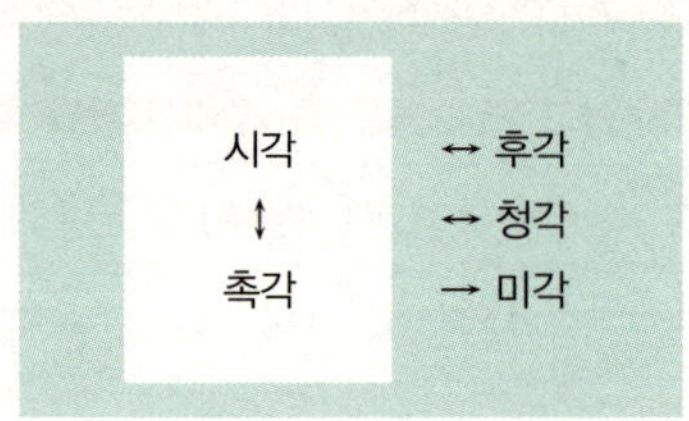

? 다음 자료에서는 어떤 의미 전이를 인지할 수 있을까?

ㄱ. 달콤한 목소리　　　ㄴ. 섹시한 목소리

ㄷ. 구수한 목소리　　　ㄹ. 부드러운 목소리

ㅁ. 푸른 종소리　　　　ㅂ. 슬픈 종소리

? 연어 사전에서 한국어 교육에 필요한 자료를 찾아 보자.

ㄱ.

ㄴ.

ㄷ.

ㄹ.

ㅁ.

23

다의어와 동음이의어의 차이는 무엇인가?

◆ **다의어**_polysemy_는 하나의 언어 형식이 두 가지 이상의 의미로 해석되는 것이다. 곧 하나의 언어 형식이 하나의 기본 의미를 지시한다고 가정하면, 기본 의미가 확장되어 가는 특성을 지니고 있다고 할 수 있다.

> ㄱ. {다리}의 기본 의미: 사람이나 동물의 다리
>
> ㄴ. {다리}의 확장 의미: 강 위에 놓인 다리 또는 책상이나 의자의 다리
>
> ⇒ {다리}는 여러 가지 의미를 지시하므로 다의어이다.

◆ **동음이의어**_homonym_는 음성적으로 동일한 언어 형식이 서로 다른 의미로 해석되는 것이다. 따라서 동음이의어가 가지는 의미 사이에서는 어떤 의미적 관련성도 찾기 어렵다.

> ㄱ. {배$_1$}의 의미: 신체 부분의 배를 지칭
>
> ㄴ. {배$_2$}의 의미: 교통수단의 배를 지칭
>
> ㄷ. {배$_3$}의 의미: 과일의 한 종류로서의 배를 지칭
>
> ⇒ 의미 사이에 의미적 관련성이 없으므로 위에 제시한 세 가지 {배}는 동음이의
>   어이다.

◆ 다의어와 동음이의어의 경계는 모호하지만, 하나의 형식이 지시하는 의미 사이에서 **유연성**有緣性이나 관련성을 찾을 수 있으면 다의어로 보고, 그렇지 않으면 동음이의어로 보는 것이 일반적이다. 그러나 현대어에서 찾을 수

없는 유연성이 역사적으로 거슬러 올라가면 찾아지는 경우도 있고, 유연성이 있는 것으로 잘못 인지되는 경우도 있다. 따라서 다의어와 동음이의어의 경계가 잘 드러나지 않는 자료도 있다.

? 다의어의 의미 확장은 어떤 방향으로 일어나는지 알아 보자.

    ㄱ. 사람 — 짐승 — 생물 — 무생물

     {먹다}: 사람이 밥을 먹는다 — 호랑이가 먹이를 먹는다

              — 물기를 먹은 잎새 — 기름 먹은 종이

    ㄴ. 구체성 — 추상성

     {밝다}: 색이 밝다 — 표정이 밝다 — 분위기가 밝다

              — 눈이 밝다 — 사리가 밝다

    ㄷ. 공간 — 시간 — 추상

     {짧다}: 연필이 짧다 — 시간이 짧다 — 생각이 짧다

24

다의어는 어떻게 생성되는가?

◆ 울만*S. Ullmann*은 **다의어*polysemy***가 만들어지는 이유를 다음과 같이 제시하고 있다: 적용에서의 전이*shifts in application*, 사회 환경에서의 특수화*specialization in a social milieu*, 비유적인 언어*figurative language*, 동음어의 재해석*homonyms reinterpreted*, 외국어의 영향*foreign influence*

◎ 적용에서의 전이

문맥에 따라 적용되는 범위가 달라지면서 다양한 의미를 획득하게 되면 다의어가 된다. 예를 들어 {밝다}는 구체적인 [빛 → 색 → 표정]에 적용되다가 추상적인 [분위기 → 눈 → 사리]에도 적용되면서 다양한 의미를 획득하게 된다.

◎ 사회 환경에서의 특수화

일반 사회에서 쓰이던 단어가 특정한 사회 환경에서 특수화되면 다의어가 된다. 예를 들어 {서울}은 [한 나라의 수도]에서 [대한민국 서울]로 특수화된 것이다.

◎ 비유적인 언어

단어가 비유적인 의미를 획득하여 고유한 의미와 비유적인 의미가 공존하게 되면 다의어가 형성된다. 예를 들어 {대들보/ 기둥}이라는 단어는 {현재는 우리 집안의 대들보/ 기둥이다}와 같은 문맥에서 비유적으로 사용되어 [집안이나 단체, 나라 따위에서 의지가 될 만한 중요한 사람]이라는 의미를 획득함으로써 다의어가 된다.

◎ 동음이의어의 재해석

어원적으로 서로 다른 단어가 통시적 변화를 거치면서 동음이의어가 되면 이들에게 의미적 관련성이 있는 것으로 재해석하여 다의어로 인식하게 된다. 예를 들어 {배 腹}와 {배 船}는 동음 관계에 있지만, 인체의 배 모양과 통나무 배 모양의 유연성을 고려하여 민간 어원에서는 다의성을 인정하기도 한다.

◎ 외국어의 영향

기층어가 지니고 있는 본래의 의미와 외국어의 영향에 따른 새로운 의미 사이에 다의어가 형성된다. 예를 들어 {하나님}은 전통적으로 [천신]이나 [옥황상제]를 가리켰으나, 기독교의 유입으로 유일신 [God]의 의미도 획득함으로써 다의어가 되었다.

◆ 모든 단어는 의미 확장의 가능성을 가진다. 상황에 따라 다양한 화자의 의도가 반영되기 때문이다. 따라서 모든 단어는 다의성이 있다고 할 수 있다.

ㄱ. 그 친구는 정말 <u>재미있는</u> 친구야.
ㄴ. 정말 <u>웃기는</u> 사람이야.

? 다음 자료의 의미는?

   ㄱ. 휴지

   ㄴ. 공

   ㄷ. 병

   ㄹ. 신

? 다음 자료가 지시하는 의미를 조사해 보자.

   ㄱ. 영감

   ㄴ. 사과

   ㄷ. apple

   ㄹ. factory

? 〈표준국어대사전〉에서 동음이의어를 찾아 보자.

   ㄱ.

   ㄴ.

   ㄷ.

   ㄹ.

동음이의어는 어떻게 생성되며 왜 생성되는가?

◆ **동음이의어** *homonym* 의 종류에는 철자와 발음이 모두 같으나 의미가 다른 경우, 철자는 다르나 발음이 같으면서 의미가 다른 경우, 그리고 철자는 같으나 발음이 다르면서 의미도 다른 경우가 있다. 학자에 따라서는 철자와 발음이 모두 같고 의미가 다른 것을 **완전동음이의어**라고 하고, 나머지는 **유사동음이의어**라고 부르기도 한다.

◎ 동철자동음이의어

철자와 발음이 모두 같으나 의미가 다른 경우이다. 예를 들어 {때 時 - 때 垢 / 국내 國內 - 국내 局內/ 시내(시냇물) - 시내 市內} 등과 같은 것이다.

◎ 이철자동음이의어

철자는 다르나 발음이 같으면서 의미가 다른 경우이다. 예를 들어 {입 - 잎/ 반드시 - 반듯이} 등과 같은 것이 해당된다.

◎ 동철자이음이의어

철자는 같으나 발음이 다르면서 의미도 다른 경우이다. 이때 발음은 소리의 높이, 길이, 세기에 따라 달라진다. {말 - [馬][言][斗]/ 눈 - [雪][眼]/ 우리 - [`냐'의 복수형][돼지우리]} 등과 같은 것이 해당된다.

◆ 한국어에서는 한자어의 장음과 단음 차이가 점차 없어지면서 많은 한자어 동음이의어가 생기게 되었다. 또한 단음절 고유어 명사에서 동음이의어가 많

이 나타나는데, 이는 언어 기호의 **자의성**에서 비롯되는 것이다.

　ㄱ. 경로 經路 – 경로 敬老, 성인 成人 – 성인 聖人

　ㄴ. 비 雨 – 비(빗자루), 낫 – 낮 – 낯

　⇒ 자료 (ㄱ)은 한자어 동음이의어를 예로 든 것이고, (ㄴ)은 단음절 고유어 명사
　　를 예로 든 것이다. (ㄴ)에서 {비 雨 – 비(빗자루)}는 동철자동음이의어에 속
　　하며, {낫 – 낮 – 낯}은 이철자동음이의에 속한다.

◆ 학자에 따라서는 {bank}를 동음이의어로 본다.

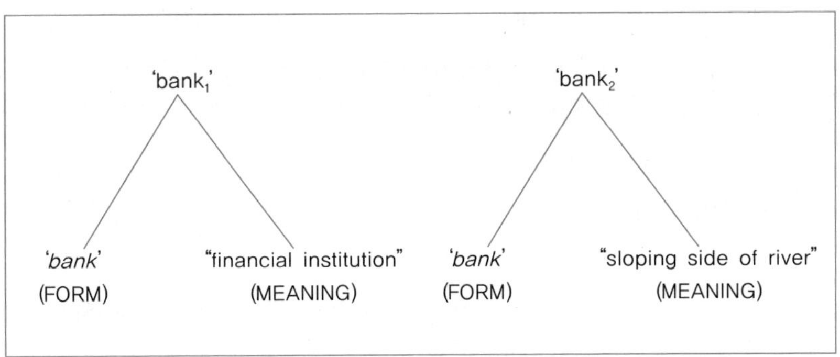

Lyons (1995: 27)에서 인용

의사01 (衣笥) 「명사」=옷상자.

의사02 (意思)[의: ‒] 「명사」무엇을 하고자 하는 생각.

의사03 (義士)[의: ‒] 「명사」의로운 지사 (志士). ≒의자07 (義者).

의사04 (義死)[의: ‒] 「명사」의를 위하여 죽음.

의사05 (義師)[의: ‒] 「명사」의로운 뜻을 품고 일어난 군사 (軍師).

의사06 (疑事) 「명사」의심스러운 일.

의사07 (疑辭) 「명사」의심스러운 말.

의사08 (縊死) 「명사」'액사'의 원말.

의사09 (擬死) 「명사」『동물』외부로부터 갑작스러운 자극을 받은 동물이 움직이지 않고 죽은 체하는 일. 곤충, 뱀, 조류, 포유류 따위에서 볼 수 있다.

의사10 (擬似) '의사하다03'의 어근.

의사11 (醫事) 「명사」의료에 관한 일.

의사12 (醫師) 「명사」의술과 약으로 병을 치료 · 진찰하는 것을 직업으로 삼는 사람. 국가시험에 합격하여 보건 복지 가족부 장관의 면허를 취득하여야 한다.

의사13 (議史) 「명사」『역사』신라 때에 둔 내사정전의 으뜸 벼슬.

의사14 (議事) 「명사」「1」회의에서 어떤 일을 의논함. 또는 그 회의. 「2」회의에서 의논할 사항.

〈표준국어대사전〉에서 인용

26

중의성이란 무엇인가?

◆ **중의성** *ambiguity*은 하나의 언어 형식이 두 가지 이상의 의미를 지시하는 속성을 말한다. 중의성은 동음이의어 때문에 생기는 어휘적 중의성 *lexical ambiguity*과 문장의 통사 구조 때문에 생기는 구조적 중의성*structural ambiguity*, 또 특정한 단어가 의미 해석에 영향을 주는 범위 때문에 생기는 작용역 중의성*scope ambiguity* 등으로 나눌 수 있다.

◆ **어휘적 중의성**은 다음과 같이 동음이의어가 있을 때 나타난다.

ㄱ. 배를 보았다.
   ⇒ [신체 부위=배]
   ⇒ [교통수단의 하나=배]
   ⇒ [과일 중 하나=배]

ㄴ. 풀이 있다.
   ⇒ [산이나 들에 자라는=풀]
   ⇒ [종이를 붙이는=풀]

◆ **구조적 중의성**은 통사구조에 따라 두 가지 이상의 의미 해석이 가능할 때 나타난다.

ㄱ. 나는 엄마와 아빠를 만났다.
   ⇒ [나는] [엄마와 아빠]를 만났다

⇒ [나는 엄마와] [아빠]를 만났다

ㄴ. 멋진 윤아 언니가 왔다.

⇒ [멋진 윤아] 언니가 왔다

⇒ [멋진 윤아 언니가] 왔다

◆ **작용역 중의성**은 어떤 언어 형식이 영향을 미치는 범위에 따라 두 가지 이상의 의미 해석이 가능할 때 나타난다. 보통 수량을 지시하는 양화사 *quantifier* 나 부정 표현 *negative expression* 등이 이와 같은 중의성을 일으킨다.

사람들이 다 오지 않았다.

⇒ [한 사람도 오지 않았다]

⇒ [아직 몇 사람 오지 않았다]

? 다음 자료의 의미와 용법을 생각해 보자.

ㄱ. 우리는 다 아침을 먹지 않았다   ㄴ. 우리는 아침을 다 먹지 않았다

ㄷ. 우리가 다 갈 필요는 없지   ㄹ. 우리가 모두 갈 필요는 없지

ㅁ. 네가 다 가지면 안 된다   ㅂ. 다 가지지 마

ㅅ. 오늘 공부는 다 했다   ㅇ. 연수가 왔으니까 공부는 다 했네

27

중의성과 모호성의 차이는 무엇인가?

◆ **중의성** *ambiguity* 을 지닌 언어 형식에서는 두 가지 이상의 의미를 인지할 수 있지만, **모호성** *vagueness* 을 지닌 언어 형식에서는 정확한 의미를 인지하기 어렵다.

> ㄱ. 예쁜 여자의 손
>> ⇒ [예쁜 여자]
>> ⇒ [예쁜 여자의 손]
> ㄴ. 통나무의 춤
>> ⇒ 통나무가 춤을 춘다는 이야기?
>> ⇒ 통나무처럼 뻣뻣하게 추는 춤이라는 이야기?

◆ 모호성은 주로 문학적 표현, 특히 시에서 많이 나타나며 작가들은 모호성을 활용하여 다양한 문학적 효과를 기대하기도 한다. 이는 곧 독자가 마음껏 상상할 수 있는 실마리가 된다.

◆ 문학작품에서는 중의성과 모호성이 언어 사용의 창의성을 높여 주지만, 일상 언어생활에서는 중의성과 모호성이 의사소통을 방해하는 중요한 요인이 되기도 한다.

◆ 중의성과 모호성은 광고나 재미있는 이야기를 만들 때 적극 활용된다.

? 다음 자료의 의미를 생각해 보자.

ㄱ. 착한 1을 합시다

ㄴ. 2% 부족

ㄷ. 대한민국 1%

ㄹ. 4랑해

? 다음 자료의 의미와 용법을 생각해 보자.

ㄱ. 그 친구 옷 벗었다는데

ㄴ. 박 대위 옷 벗었다는데

ㄷ. 고무신을 거꾸로 신었다는데

ㄹ. 고무신을 신었다는데

? 다음 자료의 의미와 용법을 생각해 보자.

ㄱ. 장미 왔습니다

ㄴ. 비가 왔는데요

ㄷ. 나는 냉면이다

ㄹ. 우리 엄마는 손이 크시다

선택제한이란 무엇인가?

◆ **선택제한***selectional restriction*이란 어휘 항목이 함께 쓰일 때 나타나는 제약으로 **선택 제약** 또는 **공기 제약**이라고도 한다. 어휘 항목은 다양한 선택제한을 가지고 있다. 따라서 이 선택제한을 어기면 어색하거나 비문법적인 표현이 생성된다.

ㄱ. 옷을 입었다/ 신을 신었다

⇒ 한국어에서는 {옷}은 {입다}와 어울리고, {신}은 {신다}와 어울린다. 따라서 {²옷을 신었다}도 자연스럽지 않고 {²신을 입었다}도 자연스럽지 않다. 우리는 이와 같은 현상을 설명할 때 선택 제약을 어겼다고 한다. 그러나 영어의 {put on}은 {옷/ 신}과 함께 쓰일 수 있기 때문에 선택 제약이 없다고 설명할 수 있다.

ㄴ. 옷을 벗었다/ 신을 벗었다

⇒ 한국어에서는 {옷/ 신}이 모두 {벗다}와 함께 쓰일 수 있다. 따라서 곧 선택제한을 어기지 않았다고 설명할 수 있다. 이와 같은 현상은 영어 {put off}가 {옷/ 신}과 함께 쓰일 수 있는 것과 같다.

◆ 선택제한은 다양한 층위에서 실현된다. 음운 층위/ 형태소 층위/ 어휘 층위/ 문장 층위/ 담화 층위 등 그 층위가 다양하다. 그러나 선택제한을 가장 많이 활용한 분야는 통사론/ 의미론/ 화용론 분야이다. 예를 들면, 주어와 서술어 사이에 나타나는 선택제한, 단어와 단어 의미 사이에 나타나는 선택제한, 언어사회 또는 언어사용자에 따른 선택제한 등이 있다.

ㄱ. 버스가/ *버스이 // 지하철이/ *지하철가 (조사)

ㄴ. 나비가 날아간다/ [?]달려간다// 달려가는 기차 속에서/ *날아가는 기차 속에서

ㄷ. 시를 읽는다/ *시를 부른다// 노래를 부른다/ 노래를 읽는다

ㄹ. 아버지가 계시는 고향/ *동생이 계시는 고향

ㅁ. 나한테 주는 책이니?/ *나한테 드리는 책이니?

⇒ 자연스러운 형식도 있고 자연스럽지 않은 표현도 있다. 곧 선택제한을 어기
  지 않은 표현은 자연스럽고 선택제한을 어긴 표현은 자연스럽지 않다.

? 다음 자료가 결합할 수 있는 언어 형식을 조사해 보자.

ㄱ. {첫-}:

ㄴ. {되-}:

ㄷ. {전-}:

ㄹ. {-전}:

ㅁ. {bio-}:

ㅂ. {extra-}:

ㅅ. {-able}:

 한국어 특강 1 의미와 의미 분석

29

잉여 자질은 어떻게 설명할 수 있을까?

◆ 언어 형식이 지시하는 의미 특징은 몇 가지 **의미 성분***semantic component* 또는 **의미 자질**의 집합으로 설명할 수 있다. 이 때 설명에 꼭 필요한 성분도 있지만 굳이 명시적으로 밝힐 필요가 없는 의미 성분도 있다. 이때 명시적으로 밝힐 필요가 없다고 인지하는 의미 성분, 그것이 바로 **잉여 성분***redundant component* 또는 **잉여 자질***redundant feature*이 된다.

◆ 잉여 자질은 다른 변별 자질을 통해서 자동적으로 예측이 가능하다. 곧 그 변별 자질이 이미 잉여 자질이 지닌 의미 특징을 전제하는 것이다.

ㄱ. {아버지}: [+생물], [+동물], [+인간], [+남성], [+성숙], [+결혼], [+자녀]

ㄴ. {어머니}: [+생물], [+동물], [+인간], [−남성], [+성숙], [+결혼], [+자녀]

⇒ (ㄱ)과 (ㄴ)에서는 {아버지}와 {어머니}가 가지는 의미적 특징을 의미 성분으로 표시하였다. 이 가운데 [+생물]과 [+동물]은 [+인간]이라는 의미 자질을 통해서 자동적으로 예측이 가능한 의미 자질이다. 따라서 실제로 의미 자질을 기술하는 경우에 이들은 제외하여도 된다.

◆ 잉여 자질을 자동적으로 예측하게 만드는 체계를 **잉여 규칙***redundancy rule* 이라고 한다. 잉여 규칙이 가지는 중요한 기능은 의미 기술에 있어 간결성을 부여한다는 것이다.

ㄱ. [+인간] 자질을 가진 단어는 [+동물] 자질을 가지고 있다.

ㄴ. [+인간]인 단어는 [−식물]이다.

⇒ 이러한 잉여 규칙을 통하여 [+생물], [+동물], [+인간]으로 기술할 것을 [+인간]으로만 기술할 수 있다. 물론 우리가 잉여 자질을 예측 할 때는 긍정적인 속성만을 전제로 파악하는 것은 아니다. 곧 [+인간]은 [+동물]을 전제로 하는 동시에 [−식물]을 전제로 한다.

? 다음 자료가 자연스럽지 않은 이유를 의미 자질로 설명해 보자.

ㄱ. [?]바위가 하품을 하고 있다

ㄴ. [?]그 친구는 식물이다

ㄷ. [?]아름답지만 예쁘지 않다

ㄹ. [?]해바라기는 동물성이다

ㅁ. [?]우리 엄마는 아빠다

? 다음 자료가 자연스럽지 않은 이유를 잉여 자질로 설명해 보자.

ㄱ. [?]할아버지는 남자이면서 사람이다

ㄴ. [?]노총각은 결혼을 하지 않았다

ㄷ. [?]등 양쪽과 오른쪽이 아프다

ㄹ. [?]우리 누나는 남자가 아니다

ㅁ. [?]intentionally murder/ male uncle

Dillon (1977: 2)에서 인용

30

한국어 사회와 한국어 사용자는 어떤 잉여적 표현을 사용하는가?

◆ **잉여적 표현**이란 의미를 생성하고 해석하는 데 꼭 필요하지 않은 언어 형식이다. 예를 들면 **이중 표현, 중복 표현, 군더더기 표현, 동의어 반복, 되풀이 표현** 등으로 밝혀진 언어 형식이 이에 속한다.

　ㄱ. 생일날: {일 日}과 {날} → 같은 의미를 지시하는 언어 형식

　ㄴ. 고목나무: {목 木}과 {나무} → 같은 의미를 지시하는 언어 형식

　ㄷ. 역전앞: {전 前}과 {앞} → 같은 의미를 지시하는 언어 형식

　ㄹ. 히트치다: {히트 *hit*}와 {치다} → 같은 의미를 지시하는 언어 형식

　ㅁ. 잘 했나 볼까 어디: {어디} → 군더더기

　ㅂ. 이제 가지 뭐: {뭐} → 군더더기

　ㅅ. 오늘 아침에는 아침에는 비가 오더니: {아침에는} → 군더더기

　⇒ 잉여적 표현은 어휘 층위, 발화 층위에서 쉽게 찾아볼 수 있다. 그러나 실제
　　발화에서 우리는 잉여적인 모음이나 자음을 덧붙이기도 한다.

◆ 잉여적 표현은 언어사회와 언어사용자에 따라서 자연스럽게 인지하기도 하고 어색하게 인지하기도 한다. 다음과 같은 자료는 어색하게 인지하는 경향이 높다.

　ㄱ. ? 그 친구는 여자 자매만 있어

　ㄴ. ? 사람들은 없고 군인아저씨들만 있는데…

　⇒ 발화 (ㄱ)의 {자매 姊妹}에서 우리는 [+여자] 자질을 인지할 수 있기 때문에

{여자}는 잉여적 표현으로 인지한다. 발화(ㄴ)의 {군인아저씨}에서 우리는
[+사람] 자질을 인지할 수 있기 때문에 어색하게 인지한다.

◆ 잉여적 표현이라도 화석화*fossilized* 되면 언어사회와 언어사용자는 자연스
럽게 생성하고 해석한다.

ㄱ. **생일날** 입을 옷이야

ㄴ. **역전앞** 까페에서 만나자

ㄷ. 마이클 잭슨은 세계적으로 **히트친** 곡이 많다

ㄹ. You are **very very** welcome!

ㅁ. Thank you **very very** much!

? 〈표준국어대사전〉에서 화석화된 표현을 찾아 보자.

ㄱ.

ㄴ.

ㄷ.

개념화란 무엇인가?

◆ **개념화***conceptualization*는 인간이 경험하는 온갖 사상事象을 머릿속에서 추상화하여 언어 개념으로 바꾸는 과정이다. 개념화는 **인지적 처리 과정***cognitive processing*에 의해서 이루어지며, 이 심리적 경험*mental experience*은 여러 인지 영역*cognitive domain*에서 이루어질 뿐만 아니라 여러 층위에서 이루어진다. 따라서 언어의 의미를 완전하게 분석한다는 것은 언어사용자의 인지 과정을 완전하게 기술하는 것이라 할 수 있다.

◆ **인지 문법***cognitive grammar*에서는 개념화가 곧 의미이다. 인지 문법에서는 문법 구조의 본질은 상징적인 것이라고 주장하는데, 이는 의미 구조*semantic structure*와 음운 구조*phonological structure*가 상징적 연결 고리에 의해서 완전히 기술될 수 있다고 보기 때문이다.

◆ 넓은 의미의 개념화에는 고정화된 개념, 처음 형성되는 개념, 경험 등도 포함된다. 그리고 이 용어는 추상적이고 지적인 개념뿐만 아니라 지각, 정서, 운동과 같은 다양한 현상에도 적용된다. 나아가 이 용어에는 발화 행위의 물리적·사회적·언어적 맥락에 대한 언어사용자의 의식까지도 포함된다.

◆ 어떤 종류의 개념화도 인지 영역의 틀 속에서 기술될 수 있으며, 의미 구조는 매우 복합적이고 백과사전적이다. 곧 {칼 刀}의 의미를 기술하기 위해서는 공간 영역에서 인지한 칼의 모양, 기능 영역에서 인지한 칼의 기능, 문화 영역에서 인지한 칼의 역할 등 {칼}이 관계되는 모든 인지 영역 속에서 {칼}의 의미를 기술해

야 {칼}이 지니는 의미 구조, {칼}의 개념 구조를 모두 기술할 수 있다.

? 인지 문법에서 논의한 개념화를 어휘 층위와 통사 층위에서 생각해 보자.

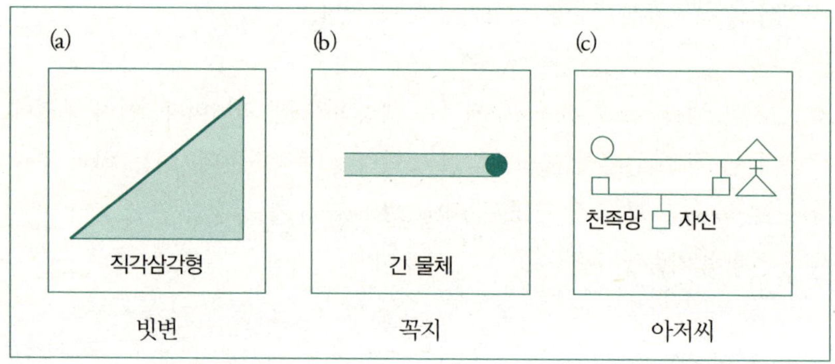

이기동 (2000: 133)에서 인용

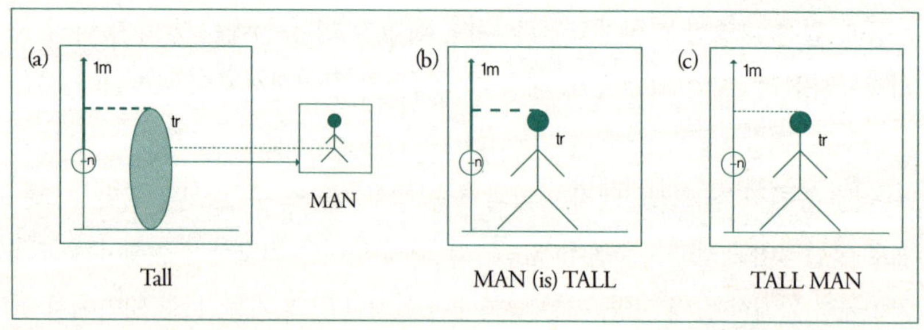

Langacker (1991: 176)에서 인용

의미 변화는 어떻게 또 왜 일어나는가?

◆ 의미 변화를 결과적 측면에서 보면, 의미 영역이 확대된 경우와 축소된 경우, 그리고 다른 의미로 바뀐 경우로 구분할 수 있다.

◆ **의미의 확대**는 이미 있는 단어를 이용하여 새로운 개념을 이해하고 표현하는 방식을 사용함으로써 생겨나는 결과이다. 곧 단어의 수는 늘어나지 않으나 적용상의 전이를 거쳐 다의 관계가 형성되면서 단어의 의미를 확대시키는 것이다.

   ㄱ. 책을/ 신문을 <u>보다</u>. [見]

   ㄴ. 사위를/ 손자를 <u>보다</u>. [得]

   ㄷ. 오빠/ 아저씨/ 할아버지

  ⇒ 자료 (ㄱ)에서 {보다}는 [見]의 의미로 쓰이던 단어였으나, (ㄴ)에서와 같이 적용상의 전이를 거쳐 [得]의 의미로도 쓰이는 다의어가 되었다. 의미의 확대가 이루어진 것이다. (ㄷ)에서 제시한 친족어도 그 의미가 확대되어 일반적으로 쓰인다. 자기보다 나이가 많은 남자한테는 {오빠}나 {아저씨}, 나이가 많이 드신 분한테는 {할아버지}를 쓰고 있다.

◆ **의미의 축소**는 개념을 보다 명확하게 이해하고 표현하기 위하여 새로운 단어를 사용함으로써 생겨나는 결과이다. 따라서 의미의 축소는 다의 관계를 이루고 있던 단어가 그 의미의 한 영역을 다른 단어에 주거나, 주변적 의미가 중심적 의미를 대신하는 경우에 이루어진다(박종갑. 2001: 125~126 참조).

ㄱ. 늙다 [老], [暮] → 늙다 [老], 저물다 [暮]

ㄴ. ᄉ랑ᄒ다 [思], [愛] → [愛]

⇒ 자료 (ㄱ)에서와 같이, {늙다}는 [暮]의 의미를 {저물다}에 주고 [老]의 의미
로만 쓰이면서 의미의 축소가 이루어졌다. 그리고 (ㄴ)에서와 같이, {ᄉ랑ᄒ
다}는 [思]가 중심적 의미이고 [愛]가 주변적 의미였는데, [思]의 의미는 소
멸되고 [愛]가 중심적 의미가 됨으로써 의미가 축소되었다.

◆ **의미의 전이**는 단어가 가지는 중심적 의미가 소멸되고 주변적 의미가 중
심적 의미처럼 되는 현상이다.

싁싁하다 [엄하다] → [씩씩하다]

윤평현 (2008: 214~215)를 참조

◆ 한국어에서 친족어는 다양한 상황에서 다양한 의미로 쓰인다.

ㄱ. 언니, 오늘 엄마한테 전화했어? (집에서 친언니에게)

ㄴ. 언니, 이 옷 얼마예요? (가게에서 점원에게)

ㄷ. 이모, 이모부랑 몇 시에 가요? (가정에서 친이모에게)

ㄹ. 이모, 여기 고추 더 주세요. (식당에서 종업원에게)

? 자신은 어떤 친족어를 언제 사용하는지 생각해 보자.

4장
어휘 분석이론

01

한국어 의미 연구에 적극 활용되고 있는 장이론이란 무엇인가?

◆ **장이론** *field theory* 은 단어나 어휘소 하나하나를 하나의 집단 또는 장 속에 이해하려는 이론이다. 훔볼트 *Wilhelm von Humboldt* 를 원류로 한 신훔볼트학파와 소쉬르 *Ferdinand de Saussure* 를 중심으로 한 서불학파에 의해서 생성되고 발전되었다. 이에 속하는 학자들은 다음과 같다.

◎ 신훔볼트학파

트리어 *J. Trier*, 포르지히 *W. Porzig*, 바이스게르바 *L. Weisgerber*, 코세리우 *E. Coseriu*

◎ 서불학파

소쉬르 *F. de Saussure*, 발리 *C. Bally*, 마토레 *G. Matoré*, 기라우드 *P. Guiraud*

◆ 한국어 의미론이나 어휘의미론에서도 장이론에 기반을 둔 연구가 활발하게 진행되었다. 단어가 한 무리를 이루는 것에 초점을 두어 **낱말밭 이론**, 또는 하나의 의미 자질을 바탕으로 묶여지는 것에 초점을 맞추어 **의미장 이론** *semantic field theory*이라고 한다.

◆ 한국어 의미론에서는 의미장 이론을 다시 내적 관계를 중시하여 **개념장** *conceptual field*, 외적 관계를 중시하여 **어휘장** *lexical field*으로 나누기도 하였다. 이밖에도 의미 영역이라는 용어로 단어와 단어의 관계, 또는 의미와 의미의 관계를 살핀 연구도 있다.

◆ 최근에는 자연언어처리와 인공지능을 연구하는 학자들을 중심으로 단

어 관계에 초점을 둔 단어망 *Word Net*, 의미 관계에 초점을 둔 의미망 *semantic network*, 개념 관계에 초점을 둔 개념틀 *conceptual frame* 등 다양한 연구 결과가 발표되고 있다. 망 *network* 이론과 틀 *frame* 이론에서는 3차원적인 관계를 밝히고 있는데, 이와 같은 성과는 2차원적인 관계를 밝힌 장 *field* 이론과 컴퓨터 진화 결과에 바탕을 두고 있다.

◆ 최근 학계에서 연구하고 있는 한국어 단어망/ 의미망/ 개념틀은 인공지능 개발과 함께 어휘 교육에 활용하고 있다. 예를 들면, 중국어와 한국어 단어망을 통하여 한국인의 중국어 어휘 교육 또는 중국인의 한국어 어휘 교육내용 등을 구성한다.

? 어휘 교육에 활용할 수 있는 단어망을 생각해 보자.

항 목	자 료
전체-부분 관계	{손}: {손톱, 손가락, 손등, 손바닥}
동음이의어	{배}: [과일], [교통수단], [신체 일부]
일반-구체 관계	{과일}: {사과, 배, 참외, 수박, 감}
유의어	{쉬다}: {놀다, 휴식하다, 결석하다}
반의어	{죽다} : {살다}, {춥다} : {덥다}
의미 구성성분	[동작]: {가다, 자르다, 먹다, 입다}
문장 유형	[의문]: {지금 가니?, 그렇게 좋아요?}
사건 구조	{간 떨어지다}: [몹시 놀라다]

02

장이론의 성과와 한계는 무엇인가?

◈ **이론적 성과**

◆ 장이론은 단어의 의미 구조나 의미 관계를 보다 체계적으로 분석할 수 있는 바탕을 마련하였다. 곧 단어를 하나의 장 속에서 비교하고 대조하여 단어의 가치와 의미를 명시적으로 밝히게 되었다.

◆ 장이론은 언어사회와 언어사용자의 인지 방법 또는 인지 구조와 밀접하게 관련된다. 따라서 언어사회의 특징이나 언어사용자의 특징도 함께 밝힐 수 있다.

◆ 우리는 장을 이루는 다양한 언어 형식과 의미 관계를 통하여 언어사회와 언어사용자가 세계를 인지하는 방법과 태도를 밝힐 수 있다. 이와 같은 성과는 언어역사와 함께 언어문화를 밝히는 데도 적용할 수 있고, 언어와 언어 또는 언어사회 / 언어사용자/ 언어역사/ 언어문화 등을 비교하고 대조하는 데도 적극 활용할 수 있다.

◆ 우리는 장이론을 활용하여 문장이나 발화가 자연스러운 이유나 자연스럽지 않은 이유도 밝힐 수 있다. 예를 들면 {나는 야채와 과일을 많이 먹어}는 자연스럽고 {ᵗ나는 야채와 시금치를 많이 먹어}는 자연스럽지 않은 이유를 설명할 수 있다. 곧, 우리는 하나의 장을 이루는 단어의 계층 관계에 대한 정보를 알고 있기 때문이다.

◈ 이론적 한계

◆ 장이론에서 장을 설정하는 기준은 언어사회와 언어사용자의 인지 방법에 따라서 다양하게 설정할 수 있다. 따라서 장을 이루는 범위나 영역도 다양하고 장에 속하는 단어나 어휘 항목도 매우 다양하다. 곧, 장을 설정하는 기준과 범위를 객관적으로 설정할 수 없다는 점이 장이론의 한계이다.

◆ 장을 구축하는 기준이나 범위를 표준화하기 어려운 점이 있다. 언어사회 또는 언어사용자에 따라서 그 기준과 범위가 달라지기 때문이다. 뿐만 아니라 급격하게 변화하는 언어사회와 언어사용자의 경험에 따라 장을 구축하는 기준과 범위도 달라진다.

◆ 장이론의 한계는 최근 다양한 방법으로 극복하고 있다. 실제로 쓰인 다양하고 풍부한 언어 자료를 토대로 분석 기준을 세우기도 하고, 정밀한 언어 자료 분석 프로그램과 인지 프로그램을 통하여 장의 범위를 설정하기도 한다.

트리어의 계열장 이론은 어떻게 설명할 수 있을까?

◆ 트리어*J. Trier*의 계열장 이론*paradigmatic field theory*은 언어 형식과 언어 형식 사이에서 인지할 수 있는 계층을 밝히는 데 초점을 두었다. 예를 들면, 창조물*creature*이라는 단어와 동물*animal* 또는 새*bird* 사이에서 우리는 계층을 인지하고, 동물과 새는 다시 하위장*sub field*을 가지고 있음을 인지한다.

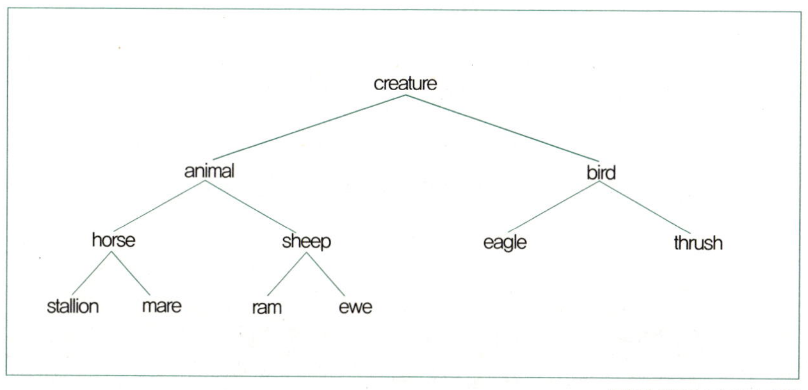

신현숙 (2001: 71)에서 인용

◆ 우리는 〈그림〉에서 위-아래 관계에 있는 수직 관계도 인지할 수 있고, 같은 층위에 있는 수평 관계도 인지할 수 있다. 곧, 언어 형식 특히 어휘 항목과 어휘 항목 사이에서 우리는 계층도 인지할 수 있고 계열도 인지할 수 있다.

◆ 트리어의 계열장 이론은 어휘 항목과 어휘 항목의 관계뿐만 아니라 다음과 같은 발화가 자연스럽지 않은 동기도 밝혀준다.

ㄱ. * 아빠가 동물 두 마리와 말 한 마리를 사오셨다 (동물 〉 말)

ㄴ. * 독수리와 새가 날아 다니는 언덕 (독수리 〈 새)

? 방향을 지시하는 하위어 (하의어)를 생각해 보자.

ㄱ. 왼쪽   ㄴ. 오른쪽   ㄷ. 양쪽

ㄹ. 가운데   ㅁ. 뒤쪽   ㅂ. 아래쪽

? 아픈 증상에 속하는 하위어 (하의어)와 그 의미를 생각해 보자.

ㄱ. 저리다   ㄴ. 쑤시다   ㄷ. 욱신거리다

ㄹ. 당기다   ㅁ. 결리다   ㅂ. 따갑다

ㅅ. 감각이 없다   ㅇ. 따끔따끔하다

? 다음 표현의 공통점과 차이점을 생각해 보자.

ㄱ. 현이는 건축에 대한 지식이 있다/ 현이는 건축에 대한 정보가 있다

ㄴ. 현해는 기교가 있다/ 현해는 기술이 있다

ㄷ. 명수는 사실을 깨닫고 있다/ 명수는 사실을 안다

ㄹ. 행복한 상태를 느끼고 있다/ 행복한 느낌이 든다

ㅁ. 영미는 지혜롭다/ 영미는 지식이 있다

포르지히의 결합장 이론은 어떻게 설명할 수 있을까?

◆ 포르지히 *W. Porzig*의 **결합장 이론***syntagmatic field theory*은 트리어의 계열장 이론을 비판하면서 출발하였는데, 주로 단어의 결합 관계에 초점을 두고 있다. 이 학자는 트리어의 이론이 언어 외적인 것에 의존하므로 언어학적 정당성이 없다고 지적하면서 언어의 본질적 의미 관계를 파악해야 한다고 밝혔다.

ㄱ. {차다 *kick*}는 의미적으로 {발로 *with the foot*}와 결합 관계
ㄴ. {금발 *blond*}은 의미적으로 {머리카락 *hair*}과 결합 관계

◆ 결합장 이론은 한국어 언어 형식의 의미를 분석할 때도 적극 활용할 수 있다. 최근에는 인공 지능을 개발하기 위하여 또는 한국어 학습자를 위한 어휘 정보를 구축할 때도 적극 활용하고 있다. 뿐만 아니라 구문분석기, 자동번역기 등을 개발하는 데도 활용한다. 예를 들면, 형태소 층위, 어휘 층위, 구절 층위, 발화 층위 등에서 자연스러운 결합과 자연스럽지 않은 결합을 설명할 수 있는 이론이다.

ㄱ. 옷이 있다/ *옷가 있다
ㄴ. 빗소리가 크다/ *눈소리가 크다
ㄷ. 모자를 쓰다/ *모자를 끼다
ㄹ. 가방을 들고 학교에 간다/ *학교에 가고 가방을 든다
⇒ 이와 같이 언어 형식과 언어 형식의 결합 관계에 초점을 둔 연구는 결합장 이론을 적용한 것이다.

◆ 결합장 이론은 어휘 항목의 **선택제한**을 밝히고자 한 연구와도 밀접하게
관련지을 수 있다. 곧, 선택제한을 어긴 비문법적이거나 어색한 발화를 설명
할 때 적용할 수 있는 이론이다.

   ㄱ. {보다}: {책을/ *소리를 보다}

   ㄴ. {듣다}: {소리를/ *맛을 듣다}

   ㄷ. {먹다}: {칼국수를/ *아침 공기를 먹다}

   ㄹ. {마시다}: {커피를/ *밥을 마시다}

⇒ 선택제한을 어기지 않고 결합한 표현은 자연스럽지만, 선택제한을 어기고 결
   합한 표현은 자연스럽지 않다.

? {냄새}와 결합할 수 있는 언어 형식을 생각해 보자.

   ㄱ. 군밤 냄새/ 구수한 밥 냄새/ 한약 냄새/ 술 냄새

   ㄴ. 비누냄새/ 향수 냄새/ 샴푸 냄새/ 연탄 냄새

   ㄷ. 풀 냄새/ 흙냄새/ 거름 냄새/ 장작 타는 냄새

   ㄹ. 좋은 냄새/ 향긋한 냄새/ 고소한 냄새/ 강한 냄새

신현숙 (2011: 218)에서 인용

결합장 이론의 한계는 무엇인가?

◆ 결합장 이론은 단어와 발화의 의미를 분석하는 데 여러 가지 면에서 적용할 수 있다. 그러나 모든 언어 형식의 결합장을 객관적인 체계 속에서 논의하기는 어렵다. 예를 들면, 한국어에서 {좋다}와 결합할 수 있는 장을 설정하는 것은 쉽지 않다. 결합장이 너무나 방대하기 때문에 언어사용자가 인지할 수 있는 의미 또한 방대하다.

ㄱ. 수지는 **좋은 친구다** (나에게 잘해주는)

ㄴ. 지연이는 **좋은 학생이다** (공부를 열심히 하는)

ㄷ. 순용이는 **좋은 사람이다** (성격이 모나지 않은)

ㄹ. 이 책은 **좋은 책이다** (배울 것이 많은)

ㅁ. 이 연필은 **좋은 연필이다** (잘 써지는)

ㅂ. 이 영화는 **좋은 영화다** (재미있는, 기쁨을 주는, 교훈을 주는)

ㅅ. 이 집은 **좋은 집이다** (잘 지은, 가족이 좋은)

⇒ 언어사용자가 설정하는 기준도 다양하고, {좋다}와 결합할 수 있는 명사도 다양하다. 따라서 {좋다}의 결합장만 보고 {좋다}의 의미를 인지하기는 어렵다.

◆ 다음과 같은 담화 자료에서 우리는 {좋은}이 지시하는 의미를 좀더 구체적으로 인지할 수 있다. 곧 결합장에 관한 정보보다 발화가 쓰인 맥락이 더욱 중요하다.

ㄱ. 좋은 친구지만 좋은 선생은 아니다

ㄴ. 좋은 학생이지만 좋은 친구는 아니다

ㄷ. 좋은 사람이지만 좋은 남자 친구는 아니다

ㄹ. 좋은 책이지만 좋은 교재는 아니다.

ㅁ. 좋은 연필이지만 아이들이 쓰기에는 좋지 않다.

ㅂ. 좋은 영화지만 여자 친구와 보기에는 좋지 않다.

ㅅ. 좋은 집이지만 노인들이 살기에는 좋지 않다.

⇒ 의미 생성과 해석을 위해서 우리는 세상 일에 관한 지식을 고려해야 {좋은}이

어떤 의미를 지시하는지 설명할 수 있다.

◆ 한국어에서 {맛}의 결합장에 들어갈 수 있는 어휘 항목도 다양하다.

ㄱ. 매운맛을 보여주다　　　　ㄴ. 쓴맛 단맛 다보다

ㄷ. 살맛이 나다　　　　　　　ㄹ. 죽을 맛이다

ㅁ. 깨소금 맛이다　　　　　　ㅂ. 싼 맛에 사다

신현숙 · 이지영 (2001: 463～464) 참조

바이스게르바의 개념장 또는 의미장은
어떻게 설명할 수 있을까?

◆ 바이스게르바 *L. Weisgerber*는 모든 단어가 개념적으로 관계가 있는 다른 단어와 함께 하나의 장을 이룬다고 보았다. 곧, 한 단어를 전체 속에서 파악한다는 점은 트리어의 **계열장 이론**과 같다. 그러나 인간이 사물이나 사건을 인지할 때 정신적 중간 세계를 거치는 것과 마찬가지로, 우리가 언어로 의사소통을 할 때도 언어적 중간 세계를 거치게 됨을 지적했다는 점에서 트리어의 이론과 차이가 있다. 곧 **개념장** 또는 **의미장**을 거쳐야만 사물을 지각하거나 언어를 수행할 수 있다고 보았다.

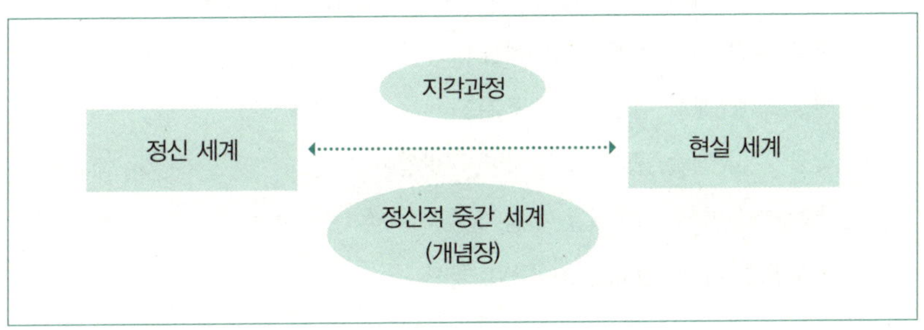

신현숙 (2001: 81) 참조

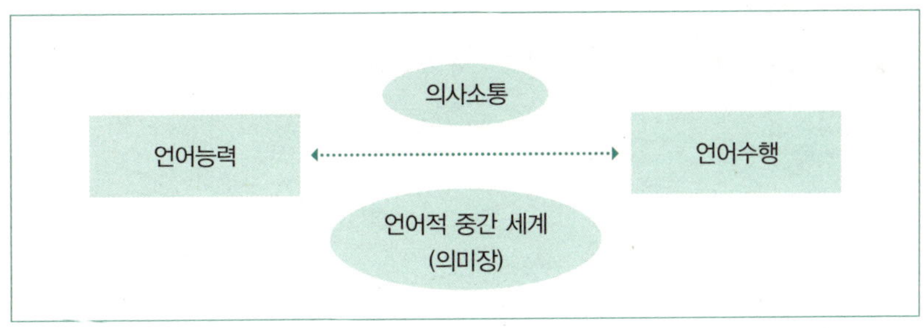

신현숙 (2001: 82) 참조

◆ 한국어 의미 연구에서도, 어휘 항목을 하나의 개념장 속에서 또는 하나의 연상장 속에서 논의한 결과가 있다. 개념장과 연상장에 속하는 어휘 목록은 언어사용자의 경험과 배경 지식에 따라서 다음과 같이 매우 다양하게 나타난다.

{꽃}의 연상장

ㄱ. 나팔꽃, 국화, 장미, 해바라기, 코스모스, 벚꽃, 봉숭아, 진달래, 개나리…

ㄴ. 예쁘다, 아름답다, 귀엽다, 향기롭다, 사랑스럽다, 매혹적이다…

ㄷ. 사랑, 정열, 고백, 흠모, 존경, 애정…

ㄹ. 빨강, 노랑, 보라, 분홍, 하양, 꽃분홍…

ㅁ. 꽃잎, 수술, 암술, 줄기, 나무, 넝쿨, 꽃받침…

ㅂ. 축하, 스승의 날, 어버이날, 생일, 결혼식, 약혼식…

ㅅ. 꽃시장, 남대문, 꽃다발, 꽃바구니, 꽃신…

신현숙 (2001: 94) 참조

? {무궁화}에서 연상할 수 있는 어휘 항목은?

ㄱ.

ㄴ.

ㄷ.

ㄹ.

한국어 **특강 1** 의미와 의미 분석

07

코세리우의 어휘장은 어떻게 설명할 수 있을까?

◆ 코세리우*E. Coseriu*는 어휘적 **패러다임***paradigm*을 장으로 보았으며, 음운론적 개념을 통하여 의미를 연구하고자 하였다. 곧 구조적 관점에서 단어의 무리는 변별적 특성에 의해서 서로 대립한다고 보고 **변별 자질***distinctive feature*과 대립 개념을 적용하여 단어의 차이를 설명하려고 한 것이다.

◆ 장이론을 주장하는 신훔볼트학파의 다른 학자들이 공통점으로 단어의 무리를 묶거나 하나의 장을 설정하는 데 초점을 두었다면, 코세리우는 차이점을 밝혀서 단어의 의미를 밝히고자 하였다. 한편 의미 연구도 음운 연구와 같이 과학적으로 다루어질 수 있다고 보았다. 이와 같은 코세리우의 이론은 **성분분석 이론**에 영향을 주었다.

◆ 코세리우의 어휘장은 한국어 의미 분석에서도 다양하게 활용되었다. 예를 들면, 공통자질이 있는 어휘장을 연구한 결과도 있고, 어휘 항목 사이의 대립 관계를 논의한 연구 결과도 있다.

ㄱ. 죽다 : 살다/ 있다 : 없다/ 출석하다 : 결석하다/ 남자 : 여자/ 소년 : 소녀

ㄴ. 데치다 : 끓이다 : 삶다/ 시원하다 : 쌀쌀하다 : 춥다/ 싱겁다 : 짭짤하다: 짜다

⇒ (ㄱ)에 제시한 어휘 항목은 자질의 유무 대립으로 설명할 수 있고, (ㄴ)에 제시한 어휘 항목은 정도에 따라 달라지는 계단 대립으로 설명할 수 있다.

◆ 한국어 의미 분석 연구 가운데 낱말밭 연구, 의미 영역 연구 또한 코세리우의 어휘장 연구와 관련지을 수 있다. 친족어/ 감각어/ 색채어/ 공간어/ 시간어/ 생명종식어 등 어휘장의 주제는 매우 다양하다.

◆ 어휘장은 한국어 교육 특히 어휘 교육에서도 적극 활용하고 있다. 예를 들면 교재를 개발할 때도 활용하고, 한국어 학습자를 위한 사전 또는 그림 사전을 개발할 때도 활용하였다.

◆ 성분 분석을 바탕으로 한 한국어 색채어도 어휘 교육에 활용할 수 있다.

유형	형태 정보	자료
1 유형	색채명사	하양, 주황, 베이지
2 유형	색채형용사/ 색채명사 + {색} → 색채명사	하얀색, 백색, 베이지색
	색채명사 + {빛} → 색채명사	보랏빛, 초록빛, 핑크빛
3 유형	대상 명칭 + {색} → 색채명사	하늘색, 황토색, 레몬색
	대상 명칭 + {빛} → 색채명사	은빛, 금빛, 올리브빛
4 유형	형용사 관형형 + 색채명사 → 색채명사구	밝은/ 어두운/ 진한/ 짙은 노랑

신현숙 · 김영란 (2004: 161)에서 인용

소쉬르의 장이론과 신훔볼트학파의 이론적 차이는 어떻게 설명할 수 있을까?

◆ 소쉬르*F. de Saussure*는 언어의 구조를 **통합 관계**와 **계열 관계**로 보았던 만큼 의미 연구에서도 이 두 관계를 고려하였다. 또한 현실 세계에서 공통점이 있는 대상을 가리킬 때는 형식과 의미가 유사한 언어 형식이 장을 이룬다고 보았다.

◆ 신훔볼트학파의 장이론은 의미를 바탕으로 하였지만 소쉬르의 장이론은 의미와 형식을 모두 바탕으로 삼고 있다. 곧 언어사용자는 장을 생성하거나 해석할 때 의미와 형식을 모두 고려한다는 것을 밝혔다.

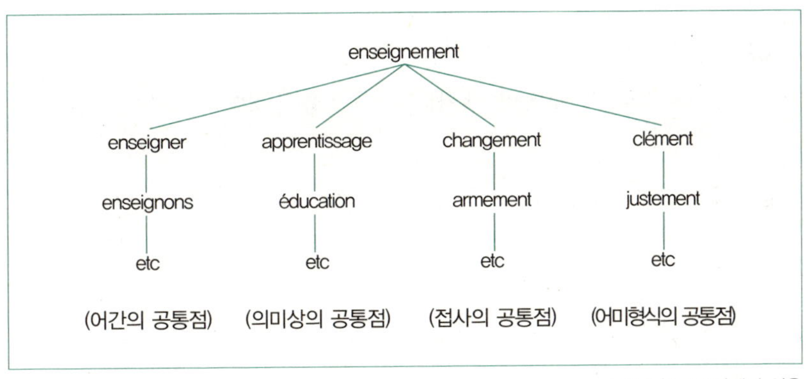

신현숙 (2001: 85)에서 인용

◆ 한국어에서도 언어의 형식과 의미를 함께 고려한 장을 설정할 수 있는데, 이용주(1975: 51)에서는 {믿음}의 장을 다음과 같이 제시한 바 있다.

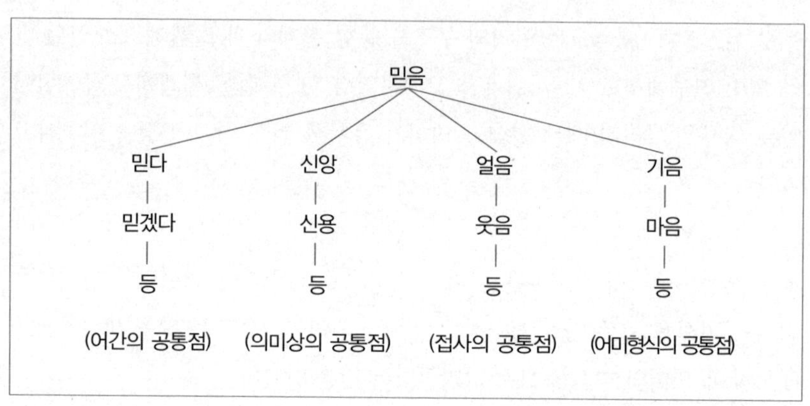

이용주 (1975: 51)에서 인용

? ♬♩♪ "리-리-리-자로 끝나는 말은?

개나리, 보따리, 댑싸리, 소쿠리 유리 항아리"♬♩♪

? 끝말 이어가기 놀이 자료를 만들어 보자.

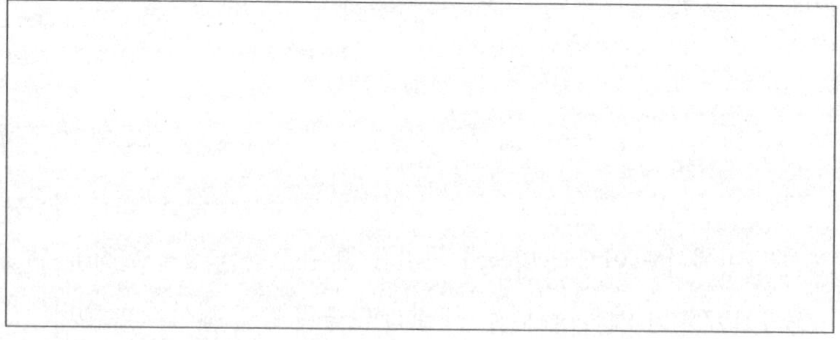

09

발리의 연상장은 어떻게 설명할 수 있을까?

◆ 발리 *C. Bally* 는 단어와 단어의 관계를 그물 *network* 로 인지하고 연상장에 초점을 두어 설명하였다. 곧 단어는 그물코와 같아서 한 단어를 연상하면 그물처럼 여러 단어를 함께 연상할 수 있다고 보았다. 연상 요소로는 여러 층위에서의 인접, 의미, 형식을 들고 있다. 또한 그는 하나의 단어와 관련되는 연상을 단계별로 나누어 밝혔다. 예를 들면 {소}의 연상장을 다음과 같이 세 단계로 나누어 정리하였다.

> 1° : vache 〈암소〉 – taureau 〈황소〉 – veau 〈송아지〉 – ruminer 〈반추하다〉 등
> 2° : labor 〈노동〉 – charrue 〈쟁기〉 – joug 〈멍에〉 등
> 3° : force 〈힘〉 – endurance 〈인내력〉 – lenteur 〈느림〉 – passivité 〈소극성〉 등

신현숙 (2001: 87)에서 인용

◆ 연상장은 어휘 항목의 유사성과 함께 상대성도 적극 관여한다. 예를 들어 한국어 사용자가 인지하는 {소}의 연상장에는 {소}뿐만 아니라 {말}도 들어 있어서 {마소}와 같은 어휘 항목도 생성한다. 이와 같은 현상은 {동서남북/ 춘하추동/ 위아래/ 앞뒤/ 높낮이/ 남녀/ 부모} 등과 같은 어휘 항목에서 잘 드러난다.

◆ 연상장은 언어사회와 언어사용자에 따라서 다르다. 예를 들면, 한국어 사회에서 [파랑] 연상장은 긍정 *positive* 의미 가치를 지시하는 어휘 항목(예: 푸른 꿈)을 바탕으로 인지하지만, 영어 사회에서 [blue] 연상장은 부정 *negative* 의미

가치를 지시하는 어휘 항목(예: blue job, blue Monday)을 바탕으로 인지한다.

◆ 연상장은 언어사용자의 배경지식이나 경험에 의해서도 차이가 난다. 예를 들면 {황소} 연상장도 언어사용자에 따라 [힘]에 초점을 두기도 하고 [행동이 느리다]에 초점을 두어 생성하기도 한다.

{호동이는 황소}

ㄱ. 호동이는 힘이 정말 세다

ㄴ. 호동이는 씨름을 잘 한다

ㄷ. 호동이는 황소를 상으로 받았다

ㄹ. 호동이는 황소처럼 행동이 느리다…등

◆ 다음과 같이 연상장을 활용한 노래도 있다.

사과는 맛있어   맛있으면 바나나   바나나는 길어   길으면 기차   기차는 빨라

빠르면 비행기   비행기는 높아   높으면 백두산   백두산 뻗어 내려   반도 삼천리…

? 다음 어휘에서 연상할 수 있는 어휘 항목을 적어 보자.

ㄱ. {도시}:

ㄴ. {city}:

10

마토레의 장이론은 어떻게 설명할 수 있을까?

◆ 마토레 *G. Matoré*는 사회 구조를 이해할 수 있는 어휘 목록이 있음을 밝혔는데 증거어 *mots-témoins*와 관건어 *mots-clefs*가 이에 속한다. 두 개념을 바탕으로 어휘 목록을 인지하고자 하였는데, 이 이론은 사회 구조의 변화와 의미 변화를 함께 논의하였다는 점에서 의의가 있다.

> château (저택, 궁전), magasin (큰 상점) : 증거어 (프랑스 7월 혁명 전후)
> individualisme (개인주의), organisation (기관) : 관건어 (당시의 이념상을 반영)

신현숙 (2001: 89)에서 인용

◆ 마토레의 장이론은 문화적 요인이나 사회적 요인과 관련되는 의미 변화의 원인을 설명하는데 활용할 수 있다. 예를 들면, 다음과 같은 한국어 자료도 증거어와 관건어로 나누어 설명할 수 있다.

ㄱ. 덕수궁, 칠성대, 자하문, 숭례문, 아파트, 빌라트, 오피스텔 (건축물과 관련된 장)

ㄴ. 남한산성, 광개토대왕비, 북한산성, 독립문, 만리장성 (정세와 관련된 장)

ㄷ. 관복, 당의, 기마복, 원삼, 한복, 생활한복, 양복 (복식제도와 관련된 장)

ㄹ. 양반, 평민, 상민, 중인, 하인 (계급 제도와 관련된 장)

ㅁ. 전하, 폐하, 대통령각하, 대통령님, 춘부장, 장모님 (호칭과 관련된 장)

ㅂ. 관찰사, 암행어사, 영의정, 좌의정, 회장, 사장 (관리 제도와 관련된 장)

⇒ 마토레의 개념을 적용하면 (ㄱ-ㄷ)은 증거어이고, (ㄹ-ㅂ)은 관건어라고 할 수 있다.

기라우드의 장이론은 어떻게 설명할 수 있을까?

◆ 기라우드*P. Guiraud*는 어휘 항목 사이에 있는 공통분모를 바탕으로 장이 이루어진다고 보았다. 공통분모는 장의 구성 요소를 통합하며, 의미 또는 형식을 바꾸어 주는 힘이 있다고 보았다. 곧 장을 이루는 어휘 항목 사이에는 다음 자료와 같이 형식 공통분모와 의미 공통분모가 있다고 보았다.

> chic (멋진), chique (씹는 담배), chiqueter (갈기갈기 찢다)
> chicaner (억지부리다), chicoter (하찮게 다루다)
> ⇒ 공통분모는 {chik/chok}

신현숙 (2001: 90) 참조

◆ 한국어에서도 형식 공통분모 또는 의미 공통분모를 지니는 어휘 항목은 하나의 장 속에서 살필 수 있다 (신현숙. 2001: 91 참조).

ㄱ. 놀다, 놀이, 놀기, 노름, 노래(놀+애), 놈

  ⇒ 공통분모는 {놀/ 노}

ㄴ. 맛 : 멋, 남다 : 넘다, 작다 : 적다

  ⇒ 공통분모는 자음인 {ㅁ/ㅅ}, {ㄴ/ㅁ}, {ㅈ/ㄱ}

ㄷ. 신 : 신다, 빗 : 빗다, 널 : 널다, 띠 : 띠다

  ⇒ 공통분모는 {신}, {빗}, {널}, {띠}

ㄹ. 그래, 그래서, 그래야, 그래도, 그래야만

  ⇒ 공통분모는 {그래}

ㅁ. 스파게티, 짜파게티

  ⇒ 공통분모는 {-게티}

ㅂ. 감자라면, 소고기라면, 된장라면, 짬뽕라면, 신라면

  ⇒ 공통분모는 {라면}

ㅅ. 보쌈김치, 열무김치, 갓김치, 파김치, 물김치

  ⇒ 공통분모는 {김치}

ㅇ. 새우깡, 감자깡, 고구마깡, 양파깡, 오징어깡

  ⇒ 공통분모는 {-깡}

◆ 간판 매체 언어에서도 형식을 바탕으로 한 어휘장을 구축할 수 있다.

공통분모	자료
-회 會	상회, 교회
-원 院	학원, 병원, 한의원, 건강원, 기원, 산후조리원, 철학원
-사 社	공사, 공업사, 여행사, 전파사
집	기름집, 어린이집, 떡집, 밥집, 선물의집, 빵집
-점 店	정육점, 책대여점, 양복점, 백화점, 전문점, 금강화점

신현숙 (2009: 110) 참조

? 광고나 상품명을 조사해 보자.

ㄱ.

ㄴ.

ㄷ.

ㄹ.

? 다음과 같은 언어 형식은 언제 어떤 의미로 쓰일 수 있을까?

ㄱ. 위험   ㄴ. 양보

ㄷ. 손칼국수   ㄹ. 진짜순참기름

ㅁ. Fish & Chips   ㅂ. OPEN 24HRS

ㅅ. 4YOU

? 간판이나 표지판의 쓰임과 의미를 조사해 보자.

ㄱ.

ㄴ.

ㄷ.

ㄹ.

ㅁ.

12

의미 분석을 할 때 활용하는
성분분석 이론의 특징은 무엇인가?

◆ **성분분석 이론**_componential analysis theory_은 음운론에서 음소_phoneme_
분석을 위해 사용하던 방법이다. 곧 음소의 음성 특징을 밝히기 위하여 어떤
음성 자질이 있는지 살펴보는 것이다. 다음과 같이 각 음소는 여러 가지 음성
자질로 분석할 수 있다.

ㄱ. /p/: [양순음], [무성음], [정지음]

ㄴ. /b/: [양순음], [유성음], [정지음]

ㄷ. /t/: [치경음], [무성음], [정지음]

ㄹ. /d/: [치경음], [유성음], [정지음]

◆ 의미론에서도 어휘 항목 또는 하나의 어휘소_lexeme_를 **의미 성분**_semantic_
_component_이라는 더 작은 단위로 분해될 수 있다고 보고, 성분분석 이론을 적
용하여 의미를 분석한다. 이와 같은 분석은 어휘소의 의미 특징을 다음과 같
이 **의미 자질**_semantic feature_의 집합으로 인지하기 때문이다.

ㄱ. {처녀}: [미혼], [여성], [성인], [인간]

ㄴ. {총각}: [미혼], [남성], [성인], [인간]

ㄷ. {소녀}: [어린이], [여성], [인간]

ㄹ. {소년}: [어린이], [남성], [인간]

◆ 성분분석을 활용한 한국어 의미 연구는 매우 다양하다. 학자에 따라서 성

분이나 자질은 다르게 설정하고 있지만, 성분분석을 활용하여 좀더 객관적으로 좀더 명시적으로 의미를 분석할 수 있는 방법을 제시하였다는 점에서 기여한 바가 크다.

? 반의 관계의 어휘는 의미 성분을 통해서 비교할 수 있다. {입다}와 {벗다}의 의미 및 화용 정보를 의미 성분으로 비교해 보자.

구분	정보			자료
입다	[+WEARING]	[concrete]	[positive]	{가을엔 가을 옷을 입는구나}
			[negative]	{부상 입은 어깨의 통증으로…}
		[abstract]	[positive]	{부처님의 은혜를 입다.}
			[negative]	{품위에 손상 입으실까 걱정됩니다}
벗다	[−WEARING]	[concrete]	[positive]	{가죽옷을 벗어서 옷걸이에 걸었다}
			[negative]	{ 인간의 탈을 벗어 버리고 …}
		[abstract]	[positive]	{…스스로 영광을 벗어 버리셨다}
			[negative]	{살인 누명을 벗기 위해서는…}

신현숙 (2005: 193)에서 인용

13

의미 성분분석의 이론적 한계는 무엇인가?

◆ 의미 성분분석은 매우 제한적인 범위 안에서만 이루어진다. 곧 친족어나 색채어와 같이 분류 체계가 잘 짜여진 어휘장을 분석하는 데는 도움이 되지만, {평화}, {자유}, {사랑} 등과 같은 추상적인 개념을 지시하는 어휘 목록을 분석하는 데는 활용하기가 어렵다. 곧 추상적인 어휘를 기술할 수 있는 메타언어*meta language*를 찾아내기가 쉽지 않기 때문이다.

◆ 의미 분석에 필요한 의미 성분이나 자질 설정에 어려움이 따른다. 어휘 항목을 설명하는 데 적합한 자질을 설정하는 것도 어렵고, 누구나 인지할 수 있고 공감할 수 있는 성분이나 자질을 찾기도 어렵다. 아울러 어휘 항목의 의미 특징을 명시적으로 설명할 수 있는 성분이나 자질을 찾아내기도 어렵다. 예를 들어 한 사람을 {남성/ 남자/ 아저씨/ 남편/ 할아버지/ 아버지/ 아들/ 오빠/ 형/ 남동생/ 신랑/ 애비/ 아빠 등}으로 부를 수 있는데 각 어휘 항목이 지시하는 의미 특징의 차이를 어떤 의미 성분과 의미 자질로 설명할 수 있겠는가? 곧, 앞에 제시한 어휘 항목의 의미 특징을 명시적으로 설명할 수 있는 의미 성분이나 의미 자질을 설정하기가 쉽지 않다.

◆ 의미 성분분석에 필요한 메타언어 또한 그 기준이나 범위를 명시적으로 설정하기 어렵다. 예를 들어 {아줌마}라는 의미 성분으로 [성인], [여성], [기혼], [인간]을 설정하였을 때, 성인은 몇 살을 기준으로 하고, 여성은 무엇을 기준으로 설정하고, 기혼은 또 무엇을 기준으로 설정하는 것이 적절한가?

◆ 어휘 항목을 분석할 때 의미 성분과 의미 자질의 수는 적절한가? 예를 들면, 하나의 어휘 항목을 분석하고 설명하기 위해서 여러 개의 의미 성분이나 의미 자질이 필요하다면, 한국어 어휘 목록을 분석할 때 너무나 많은 수의 의미 성분과 의미 자질이 필요할 것이다. 뿐만 아니라, 어휘 항목마다 다른 의미 성분이나 자질을 활용한다면 성분분석이 적절한가? 나아가 언어마다 다른 의미 성분과 자질을 설정하거나 학자마다 다른 의미 성분과 자질로 설명한다면 보편성과 객관성은 어느 정도 있을 것인가? 이와 같은 의문점 등은 성분분석 이론의 한계라 할 수 있다.

? 의미 분석에서 활용하는 의미 자질을 적어 보자.

    ㄱ. [+HUMAN]/ [−HUMAN]

    ㄴ. [+ANIMATE]/ [−ANIMATE]

    ㄷ. [+MALE]/ [−MALE]

    ㄹ. [+MOVE]/ [−MOVE]

    ㅁ. [+MARRIED]/ [−MARRIED]

    ㅂ. [+ACTION]/ [−ACTION]

    ㅅ. [+STATE]/ [−STATE]

14

장이론과 성분분석 이론은
의미 분석에 어떻게 활용할 수 있을까?

◆ **장이론**은 단어나 어휘의 공통점에 바탕을 두고 하나의 범주로 묶고 체계를 부여하는 이론이다. 이렇게 하나의 범주로 묶는 과정을 통해서 우리는 단어가 서로 어떻게 관련되는지 알 수 있다. 그러나 동일한 범주에 속하는 단어가 어떤 차이점이 있는가를 알기 위해서는 또 다른 분석이 필요하다.

◆ **성분분석 이론**은 각 단어를 개별적으로 분석하여 다른 단어와 변별시킬 수 있는 의미 성분을 찾아내는 것이다. 성분분석 이론은 하나의 단어가 가지는 의미를 분석하는 데도 유용하지만, 단어와 단어 사이의 관계를 밝히는 데도 의미 있는 정보를 제공한다.

◆ 실제 의미 분석에서 하나의 범주에 속하는 단어의 공통점과 차이점을 명시적으로 밝히기 위해서는 그것이 가지는 **공통의미**와 **개별의미 (또는 변별의미)**를 찾아내는 것이 중요하다. 그런데 이러한 공통의미와 개별의미는 각 단어가 가지는 추상의미와 구체의미를 먼저 분석한 후에 찾을 수 있다. 곧 단어가 실제 문맥에서 쓰이는 구체의미를 바탕으로 추상의미를 설정하고, 각 단어가 가지는 추상의미 사이의 공통의미와 개별의미를 정리하는 것이다.

공통점을 지닌 단어를 하나의 범주로 묶기

⇓

단어가 실제 문맥에서 쓰이는 구체의미 찾기

⇓

구체의미를 바탕으로 한 추상의미 설정하기

⇓

추상의미 사이의 공통의미와 개별의미 정리하기

⇓

단어와 단어 사이의 관계 파악하기

? 장이론과 성분분석 이론을 결합하여 한국어 동사를 분석할 수 있는데, 문장의 주체가 [사람]일 때 함께 쓰일 수 있는 한국어 동사를 의미 성분으로 분류해 보자.

주체의 의미자질	공통점		어휘장	동사
[사람]	[+움직임]	방법	1	기다 / 걷다 / 뛰다 / 달리다
		방향	2	가다 / 오다
		결과	3	서다 / 있다 / 눕다
		소리	4	웃다 / 울다
	[−움직임]	존재	5	있다 / 살다
		정지	6	쉬다 / 자다 / 죽다
		변화	7	자라다 / 늙다

신현숙 (1985: 26)에서 인용

15

한국어 색채어 어휘장을 분석할 때
어떤 의미 자질이 필요할까?

◆ 한국어뿐만 아니라 모든 언어에서 **색채어** 어휘장은 중요한 위치를 차지하므로 여러 분야에서 논의되어 왔다. 밀러*Miller* (1976: 333~334)는 심리학에서 인간이 색을 어떻게 인지하는가를 밝히기 위하여 색의 명칭에 관심을 가졌으며, 인류학에서는 **스펙트럼***spectrum*에서 나타나는 단계적 변화를 문화에 따라 다른 방법으로 구분하는 것에 관심을 가졌다고 밝혔다. 또한 언어학에서도 문화에 따라 서로 다르게 나타나는 색채어 자료를 바탕으로 언어의 **상대성 원리**를 보여주었다고 언급하였다.

◆ 한국어 사용자가 색채어로 인지하고 생성하는 어휘장의 범위는 매우 넓다. 예를 들면, {노랑}이라는 색과 관련지을 수 있는 어휘장은 {노랗다/ 누렇다/ 샛노랗다/ 싯누렇다/ 노르스름하다/ 누르스름하다/ 노릇노릇하다/ 누릇누릇하다} 등으로 다양하게 구성된다. 이와 같은 현상으로 인하여 한국어는 색채어가 발달한 언어라는 설명이 가능하다.

◆ 한국어 색채어 어휘장 가운데 기본 색채어로는 {하양白/ 까망黑/ 노랑黃/ 빨강紅/ 파랑靑}을 들 수 있다. 그리고 이와 관련지을 수 있는 네 가지 언어 형식, 곧 네 가지 통사 정보를 구현하는 형식도 기본 색채어 범주에 속한다. 예를 들어 {하양}의 범주에 속하는 것으로는 명사 {하양}, 형용사 {하얗다}, 관형형 {하얀}, 부사형 {하얗게}가 있다.

◆ 한국어 색채어가 지시하는 의미는 [색*hue*/ 정도*degree*/ 느낌*feeling*/ 상태

state/ 긍정*positive*/ 부정*negative*] 등과 같은 의미 자질을 바탕으로 분석할 수 있다. 이 가운데 가장 중요한 의미 자질은 [색]이라고 할 수 있다. 색채어는 [색]을 공통의미로 가지고 있는 어휘소로 구성되기 때문이다.

? 한국어에서 쓰이고 있는 색채어의 유형을 살펴 보자.

白	黑	黃	紅	靑
희다	검다	노랗다	빨갛다	푸르다
하얗다	검은색	누렇다	빨강	파랗다
흰색	까맣다	노란색	빨간색	파랑
하양	검정	노랑		푸른색
하얀색	까만색	누런색		푸른빛
흰빛	검은빛			파란색
	검정색			
	깜장			

5장

어휘 분석

01

동사 {가다/ 오다}의 의미는 어떻게 분석할 수 있을까?

◆ {가다/ 오다}는 자동사 범주에 속한다. 발화를 생성하고 해석할 때 하나의 명사항이 필요하다. 명사항의 의미자질은 주로 [사람]이다. 또한 두 어휘 항목이 지시하는 공통의미는 [움직임]이다.

　　ㄱ. 가는 사람 잡지 않고 오는 사람 막지 않는다 (명사항=사람)

　　ㄴ. 빨리 가라/ 빨리 와라 (언어사용자가 인지하고 있는 명사항 생략)

　　ㄷ. 가는 말이 고와야 오는 말이 곱다 (명사항=말)

　　ㄹ. 언니는 부산으로 갔다/ 오빠는 부산에서 왔다 (움직임의 방향/ 기준점=나)

◆ 한국어사용자는 나/ 내 영역*ground*을 기준점으로 삼아 {가다/ 오다}를 사용한다. 나/ 내 영역에서 멀어지면 {가다}를, 나/ 내 영역과 가까워지면 {오다}를 사용한다. 곧 {가다}는 [언어사용자가 기준으로 삼는 영역 밖으로 이동]하는 것을 지시하고, {오다}는 [언어사용자가 기준으로 삼는 영역 안으로 이동]하는 것을 지시한다. [안]은 언어사용자가 위치하거나 설정한 장소/ 시간/ 심리 영역이고, [밖]은 언어사용자가 위치하거나 설정한 장소/ 시간/ 심리 영역과 거리가 있거나 벗어난 영역이다.

[움직이는 방향]	
[기준 영역 밖으로 움직임]	[기준 영역 안으로 움직임]
{가다}	{오다}

신현숙 (2001: 197) 참조

◆ {가다/ 오다}는 명사항의 의미 자질이 [사람]이 아닌 경우에도 폭넓게 사용된다. 또한 다른 언어 형식과 결합하여 다양한 복합 형식을 생성한다. 예를 들면 다음과 같다.

ㄱ. 아침에는 전기가 나간다/ 들어온다

ㄴ. 어느새 여름은 지나가고 가을이 다가오고 있다

ㄷ. 놀러와 (TV프로그램)/ 사러가 (슈퍼마켓)

ㄹ. 기어가/ 걸어가/ 뛰어가/ 달려가

⇒ 움직임의 목적/ 속도/ 방법/ 방향 등을 지시하는 어휘 항목과 결합하여 다양한 복합 형식을 생성한다.

? 다음 자료의 의미와 용법을 생각해 보자.

ㄱ. 맛이 가다　　　　　　　　ㄴ. 정신이 나가다

ㄷ. 전기가 나가다　　　　　　ㄹ. 돈이 끝도 없이 나가네

ㅁ. 비가 오는데　　　　　　　ㅂ. 오늘 아침에 돈 왔는데

ㅅ. 감이 오네　　　　　　　　ㅇ. home coming day

ㅈ. home going day　　　　　ㅊ. I'm coming

　　　　　　　　한국어 특강 1 의미와 의미 분석

02

동사 {가다}와 {오다}는
어떤 형식과 의미를 생성하는가?

◆ 동사 {가다}와 {오다}는 [움직이는 방향]이라는 의미 자질을 공통의미로 가지며 다양한 어휘와 결합이 가능하다. 그리고 동사 {가다}와 결합이 가능한 형태들은 대부분 {오다}와도 결합이 가능하다. 이와 같이 동일한 어휘를 선택하는 {가다}와 {오다}는 어떤 기준을 중심으로 대립되는 방향으로 움직이는 것을 드러내어 서로 대립 관계를 형성한다.

유형	{가다}와 어휘의 결합	{오다}와 어휘의 결합
합성 동사	기어가다/ 끌려가다 나가다/ 내려가다 다가가다/ 달려가다 도망가다/ 돌아가다 들어가다/ 따라가다 떠가다/ 뛰어가다 올라가다/ 지나가다 쫓아가다	기어오다/ 끌려오다 나오다/ 내려오다 다가오다/ 달려오다 돌아오다/ 들어오다 따라오다/ 따오다 떠오다/ 뛰어오다 올라오다/ 지나오다 쫓아오다
연어적 구성	거쳐 가다/ 놀러 가다 따 가다/ 만나러 가다 먹으러 가다/ 보러 가다 사러 가다/ 쉬러 가다 신고 가다/ 입고 가다 자러 가다/ 잡아 가다 집어 가다/ 타고 가다 팔러 가다	거쳐 오다/ 놀러 오다 도망 오다/ 만나러 오다 먹으러 오다/ 보러 오다 사러 오다/ 쉬러 오다 신고 오다/ 입고 오다 자러 오다/ 잡아 오다 집어 오다/ 타고 오다 팔러 오다

◆ 동사 {가다}와 {오다}의 결합 유형에서 드러나는 차이는 {도망가다}는 하

나의 동사로 굳어졌으나 {도망 오다}는 여전히 연어적 구성으로 남아 있다는
것이다. 또한 {따 가다}는 연어적 구성으로 남아 있으나 {따오다}는 하나의
동사로 쓰인다. 이와 같이 둘 이상의 단어가 함께 쓰이다가 하나의 단어로 굳
어지는 과정은 **문법화***grammaticalization* 과정으로 설명할 수 있으며, 이는
언어사용자의 관습적인 언어 사용의 변화에서 비롯된다고 할 수 있다.

? 다음 자료를 바탕으로 두 개념을 설명해 보자.

ㄱ. 문법화:

> let us → let's → let's you and me fight

ㄴ. 어휘화:

> 시집을 가다 → 시집가다

방향과 관련지을 수 있는 이동 동사는?

◆ 방향과 관련지을 수 있는 이동 동사란 방향을 가리키는 어휘와 함께 쓰이거나 의미 속에 특정 방향으로의 이동을 포함하는 어휘이다.

◆ 방향과 관련지을 수 있는 이동 동사 가운데 앞으로 이동하는 것과 관련되는 동사와 뒤로 이동하는 것과 관련되는 동사는 서로 대립 관계를 형성한다. 또한 위로 이동하는 것과 관련되는 동사와 아래로 이동하는 것과 관련되는 동사도 서로 대립 관계를 형성한다.

[앞으로 이동]	[뒤로 이동]
나아가다	물러가다
전진하다	물러나다
추진하다	물러서다
행진하다	후진하다
:	후퇴하다
	:

신현숙 외 (2000: 735)에서 인용

[위로 이동]	[아래로 이동]
뜨다	낙하하다
상승하다	내려오다
솟다	내리다
오르다	떨어지다
올라가다	추락하다
올라오다	침몰하다
:	하강하다
	하락하다
	:

신현숙 외 (2000: 746)에서 인용

이동 과정과 관련지을 수 있는 이동 동사는?

◆ 이동을 하는 데는 일련의 과정이 존재한다. 곧 어떤 곳을 출발하여 중간에 어떤 곳을 거쳐 목적지에 도착하는 것이다. 이러한 과정은 [출발/ 경유/ 도착]으로 집약할 수 있다. 따라서 동사도 [출발]과 관련된 것, [경유]와 관련된 것, 그리고 [도착]과 관련된 것으로 정리할 수 있다. 과정을 나타내는 이동 동사 가운데 [출발]과 관련된 동사와 [도착]과 관련된 동사는 의미적으로 대립 관계를 이루며 어휘장을 형성한다.

[출발]	[경유]	[도착]
나다	가로지르다	내리다
나서다	거치다	다다르다
떠나다	건너다	닿다
뜨다	경유하다	도달하다
오르다	들르다	도착하다
이륙하다	지나다	들다
출발하다	통과하다	이르다
:	:	착륙하다
		:

신현숙 외 (2000: 745) 참조

◆ 이동의 과정 가운데 특정한 어느 하나와 관련되는 것이 아니라 이동의 움직임 자체를 표현하는 동사도 있다. {이동하다}라는 동사를 포함하여 {다니다/ 돌아다니다/ 오락가락하다/ 왕래하다/ 출입하다} 등이 여기에 해당한다.

{서다/ 앉다/ 눕다}의 의미는
어떻게 분석할 수 있을까?

◆ {서다/ 앉다/ 눕다}에서 인지할 수 있는 공통의미는 [움직인 결과로 나타나는 모습]이다.

ㄱ. 친구가 {서 있는/ 앉아 있는/ 누워 있는} 방에서

ㄴ. 큰아버지가 {서 계시는/ 앉아 계시는/ 누워 계시는} 안방에서

◆ {서다}는 [수직 모습]을 만들기 위하여 움직이거나 [수직 모습]이 결과로 나타난다는 점에서 {눕다}와 대립한다. {눕다}는 [수평 모습]과 관련되기 때문이다. 한편 {앉다}는 [수평·수직 모습]을 드러낸다는 점에서 {서다/ 눕다}와 대립한다. 가장 편한 자세는 잠을 잘 때 취하는 {눕다} 자세이다.

[움직인 결과로 나타나는 모습]		
[수직 모습]	[수평·수직 모습]	[수평 모습]
{서다}	{앉다}	{눕다}

신현숙 (2001: 198) 참조

◆ {서다/ 앉다/ 눕다}는 장소를 지시하는 언어 형식과 자연스럽게 어울린다.

ㄱ. 버스정류장에 서 있는 친구

ㄴ. 의자에 앉아 있는 동생

ㄷ. 침대에 누워 있는 조카

◆ 요청을 하거나 지시를 할 때는 다음과 같은 언어 형식과 자연스럽게 어울린다.

ㄱ. 일어서/ 빨리 서/ 거기 서

ㄴ. 앉아/ 일어나 앉아/ 빨리 앉아/ 여기 앉아

ㄷ. 빨리 누워/ 여기 누워

ㄹ. 서 있으세요/ 서 계세요/ 앉아 있으세요/ 앉아 계세요/ 누워 있으세요/ 누워 계세요

? 다음 자료의 의미와 용법을 생각해 보자.

ㄱ. 기영이는 서울에 눌러 앉았다   ㄴ. 앉아서 구만리다

ㄷ. 회장 자리에 앉았다   ㄹ. 달걀도 구르다 모로 서는 재주가 있다

ㅁ. 앉아 죽는 것보다 서서 죽는 것이 쿵소리나마 난다

ㅂ. 쌍지팡이 짚고 나선다   ㅅ. 누운 소 타기다

ㅇ. 누운 김에 자고 간다   ㅈ. 마당에 누워서 안방 걱정한다

? {앉다/ 서다/ 눕다}의 의미 차이를 그려 보자.

{서다}는 어떤 형식과 의미를 생성하는가?

◆ 동사 {서다}는 다른 동사나 부사, 그리고 명사와 결합하여 합성 동사를 만든다. 그리고 자주 결합하는 동사나 부사와 함께 연어적 구성을 이룬다. 이와 같은 결합 유형에서 {서다}가 선택하는 어휘는 [서는 방법이나 형태]를 드러내기 위하여 쓰인 것이다.

형태		의미
합성 동사 {X+서다}	가로서다/ 갈라서다/ 곤두서다/ 기대서다/ 내려서다/ 넘어서다/ 늘어서다/ 다가서다/ 대서다/ 돌아서다/ 둘러서다/ 들어서다/ 막아서다/ 맞서다/ 물러서다/ 비켜서다/ 앞서다/ 앞장서다/ 올라서다/ 일어서다 ……	{X} = [서는 방법이나 형태]
연어적 구성 {X 서다}	나란히 서다/ 마주 서다/ 멈추어 서다/ 모여 서다/ 반듯이 서다/ 버티고 서다/ 우뚝 서다 ……	

◆ {서다}는 다음과 같은 굳어진 표현도 생성한다.

ㄱ. 무대에 서다: [연극 배우가 되다]

ㄴ. 교단에 서다: [선생이 되다]

ㄷ. 밥알이 곤두서다: [기분이 나빠 소화가 안 되다]

ㄹ. 발 벗고 나서다: [모든 노력을 다하다]

07

{앉다}는 어떤 형식과 의미를 생성하는가?

◆ 동사 {앉다}도 다른 동사나 부사와 함께 결합하여 합성 동사가 되거나 연어적 구성을 이룰 수 있다. 그리고 {앉다}와 결합한 어휘 {X}가 가지는 의미는 [앉는 방법이나 형태]이다.

	형태	의미
합성 동사 {X+앉다}	가라앉다/ 걸터앉다/ 기대앉다/ 꿇어앉다/ 내려앉다/ 눌러앉다/ 늘어앉다/ 다가앉다/ 돌아앉다/ 둘러앉다/ 들어앉다/ 물러앉다/ 올라앉다/ 일어앉다/ 주저앉다 ……	{X} = [앉는 방법이나 형태]
연어적 구성 {X 앉다}	나란히 앉다/ 마주 앉다/ 모여 앉다/ 반듯이 앉다/ 버티고 앉다/ 일어나 앉다/ 쪼그리고 앉다 ……	

◆ 동사 {앉다}와 결합하는 형태 가운데는 {서다}와 결합하는 형태와 같은 것도 있고 다른 것도 있다. 예를 들어 합성 동사 {기대앉다/ 내려앉다/ 늘어앉다/ 다가앉다/ 돌아앉다/ 둘러앉다/ 들어앉다/ 물러앉다/ 올라앉다/ 일어앉다}에서 {앉다}와 결합하는 형태는 {서다}와도 결합이 가능하다.

◆ 실제 문맥에서 잘 쓰이지 않는 {늘어앉다/ 일어앉다}와 같은 합성 동사도 있다. 특히 {일어앉다}는 {일어나 앉다}라는 연어적 구성으로 표현이 가능하

기 때문에 거의 사용하지 않는다. {앉다}와 연어적 구성을 이루는 {나란히/ 마주/ 모여/ 반듯이/ 버티고}와 같은 형태도 {서다}와 결합이 가능하다.

? {앉다}가 선택할 수 있는 [공간]을 적어 보자.

   ㄱ.

    ㄴ.

     ㄷ.

      ㄹ.

? {앉다}와 결합할 수 있는 어휘 항목을 생각해 보자.

책상에 먼지가 많이 앉았네!

   ㄱ.

    ㄴ.

     ㄷ.

      ㄹ.

{눕다}는 어떤 형식과 의미를 생성하는가?

◆ 동사 {눕다}도 {서다/ 앉다}와 마찬가지로 다른 어휘와 함께 결합하여 합성 동사를 만들 수 있으나, 그 수는 별로 많지 않다. 그리고 {눕다}도 자주 결합하는 어휘와 함께 연어적 구성을 이룰 수 있다. 동사 {눕다}가 선택하는 어휘 {X}는 [눕는 방법이나 형태]를 드러내기 위하여 쓰인다.

형태		의미
합성 동사 {X+눕다}	가로눕다/ 돌아눕다/ 드러눕다/ 몸져눕다/ 앓아눕다 ……	{X} = [눕는 방법이나 형태]
연어적 구성 {X 눕다}	길게 눕다/ 나란히 눕다/ 마주 눕다/ 모로 눕다/ 반듯이 눕다 ……	

◆ 동사 {눕다}가 쓰여 만들어지는 합성 동사 가운데 {돌아눕다}에 쓰인 {돌아}는 {서다/ 앉다}와도 결합이 가능한 형태이다. 그리고 {가로눕다}에 쓰인 {가로}는 {서다}와 결합이 가능한 형태이다. 또한 연어적 구성을 이루는 데 쓰인 {나란히/ 마주/ 반듯이}는 {서다/ 앉다}와도 자주 결합하는 어휘 항목이다.

◆ 합성 동사 {드러눕다/ 몸져눕다/ 앓아눕다}와 연어적 구성으로 쓰일 수 있는 {병들어 눕다}는 {눕다}가 [병 따위로 앓거나 하여 자리에서 일어나지 못하다]라는 의미를 지니고 있음을 잘 반영한 형태이다.

{웃다/ 울다}의 의미는 어떻게 분석할 수 있을까?

◆ {웃다/ 울다}는 자동사 범주에 속하는 동사 유형이다. 문장을 구성할 때 하나의 명사항을 필수적으로 요구하며, 그 명사항이 공통적으로 가지는 의미 자질은 [사람]이다. 또한 이들 동사가 가지는 공통의미는 [감정/ 소리와 관련된 움직임]이라는 의미 자질로 설정할 수 있다.

◎ {웃다/ 울다}의 선택제한

필수적으로 요구하는 명사항의 수: 1개

명사항의 공통의미 자질: [사람]

◎ {웃다/ 울다}의 공통의미

동사로서의 의미 자질: [감정/ 소리와 관련된 움직임]

◆ 일반적으로 언어사용자는 소리와 관련지어서 {웃다/ 울다}를 인지한다. 물론 상황에 따라서는 소리 없이 웃을 수도 있고 소리를 내지 않고 울 수도 있지만 적극적인 의미에서의 {웃다/ 울다}는 소리와 관련된다. 따라서 구체적인 소리를 표현하는 언어 형식과 자주 결합한다. 예를 들어 {깔깔 웃다/ 키득키득 웃다} 등이나 {엉엉 울다/ 훌쩍훌쩍 울다}가 가능하다.

◆ 동사 {웃다/ 울다}는 소리를 내는 이유나 동기가 다르다는 점에서 서로 대립한다. 곧 {웃다}는 즐겁다고 인지한 경우이고, {울다}는 슬프다고 인지한 경우이다.

<table>
<tr><td colspan="2" align="center">[소리와 관련된 움직임]</td></tr>
<tr><td align="center">[즐거움을 인지함]</td><td align="center">[슬픔을 인지함]</td></tr>
<tr><td align="center">{웃다}</td><td align="center">{울다}</td></tr>
</table>

신현숙 (2001: 199) 참조

◆ {웃다/ 울다}의 동기와 그 표현이 항상 일치하는 것은 아니다. 상황에 따라서는 {너무 기뻐서 그만 울고 말았다}도 가능하고, {너무 슬프고 어이가 없어서 그만 껄껄 웃고 말았다}도 가능하다.

? {소리}에 관한 의미 정보를 생각해 보자.

분류		의미 정보	자료
1	①	[물체의 진동]	자동차 지나가는 소리
	②	[한국어 사용자가 물체의 진동으로 인지]	행복이 다가오는 소리
2	①	[말]	속 모르는 소리 마시오
	②	[한국어 사용자가 의미 없는 말/ 언어로 인지]	수근대는 소리

3	①	[목소리]	행복한 웃음 소리
	②	[한국어 사용자가 목소리로 인지하는 모든 생명체가 내는 소리]	시끄럽게 짖어대는 개소리
4	①	[여론이나 소문]	소리소문도 없이 극에서 빠졌다
	②	[한국어 사용자가 의미 없는 여론이나 소문으로 인지]	쑥덕대는 소리
5	①	[판소리나 잡가]	명창들에게 소리 지도
	②	[한국어 사용자가 판소리나 잡가처럼 전통적인 노래/ 한국적인 노래로 인지]	소리 잘 하는 사람

신현숙 (2010: 274~275)에서 인용

? {소리}와 결합할 수 있는 어휘를 생각해 보자.

ㄱ.

ㄴ.

ㄷ.

ㄹ.

ㅁ.

10

{있다/ 살다}의 의미는 어떻게 분석할 수 있을까?

◆ {있다/ 살다}는 자동사 범주에 속하는 동사 유형이다. 문장을 구성할 때 하나의 명사항을 필수적으로 요구하며, 그 명사항이 공통적으로 가지는 의미 자질은 [사람]이다. 또한 두 동사가 가지는 공통의미는 [움직임보다 존재에 초점]이라는 의미 자질로 설정할 수 있다.

◎ {있다/ 살다}의 선택제한

필수적으로 요구하는 명사항의 수: 1개

명사항의 공통의미 자질: [사람]

◎ {있다/ 살다}의 공통의미

동사로서의 의미 자질: [움직임보다 존재에 초점]

◆ 언어사용자는 {살다}가 {있다}보다 움직임이 뚜렷한 것으로 추리할 수 있다. 다만 사는 동작이 있는 것이 아니므로 {살다}와 관련지을 수 있는 특정한 움직임은 찾을 수 없다고 보는 것이다.

◆ {있다}는 생명이 없는 [무생물]을 명사항으로 선택할 수 있지만, {살다}는 생명이 있는 [생물]만 명사항으로 선택한다. 곧 {있다}는 [±생명의 존재]와 관련지을 수 있고, {살다}는 [+생명의 존재]와 관련지을 수 있는 것이다.

[움직임보다 존재에 초점]	
[±생명의 존재]	[+생명의 존재]
{있다}	{살다}

신현숙 (2001: 200) 참조

◆ {-어/ 아 있다}는 {서다/ 앉다/ 눕다} 등과 결합하여 상태를 지시하는 {서 있다}, {앉아 있다}, {누워 있다} 등과 같은 언어 형식을 만들고, {-고 있다}는 움직임이 뚜렷한 {뛰다}, {달리다}, {놀다} 등과 결합하여 현재 진행하고 있는 움직임을 지시하는 {뛰고 있다/ 달리고 있다/ 놀고 있다}와 같은 언어 형식을 생성한다. 한편 {*뛰어 있다}, {*달려 있다}, {*놀아 있다} 등과 같은 형식은 생성하지 않는다.

◆ {살다}와 {있다}가 결합한 {살아 있다}의 의미 영역은 다음과 같이 그릴 수 있다.

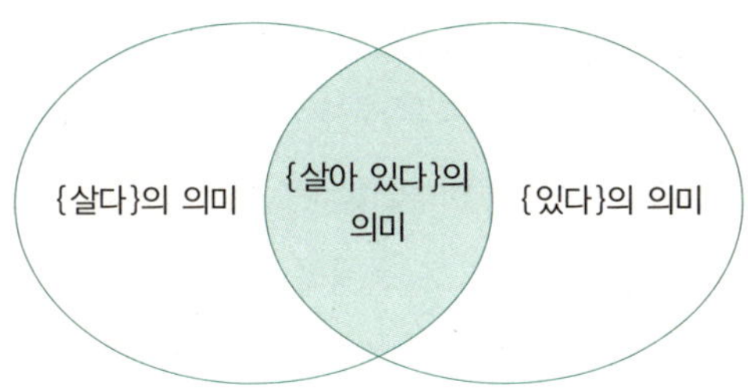

11

{쉬다/ 자다/ 죽다}의 의미는
어떻게 분석할 수 있을까?

◆ 동사 {쉬다/ 자다/ 죽다}는 자동사 범주에 속하는 동사 유형이다. 문장을 구성할 때 하나의 명사항을 필수적으로 요구하며, 그 명사항이 공통적으로 가지는 의미 자질은 [사람]이다. 또한 세 동사가 가지는 공통의미는 [움직임이 없음]이라는 의미 자질로 설정할 수 있다. 이와 같은 의미 자질은 모든 동사가 동작과 관련되는 것은 아님을 보여주는데, 이를 결여 *privative* 의 개념으로 볼 수 있다.

◎ {쉬다/ 자다/ 죽다}의 선택제한

　필수적으로 요구하는 명사항의 수: 1개

　명사항의 공통의미 자질: [사람]

◎ {쉬다/ 자다/ 죽다}의 공통의미

　동사로서의 의미 자질: [움직임이 없음]

◆ {쉬다}는 [하던 일을 중지하고 아무것도 하지 않음]을 지시하고, {자다}는 [생활하던 것을 중지하고 활동하지 않음]을 지시하고, {죽다}는 [생명이 없어져 모든 움직임이 정지됨]을 지시한다.

◆ {쉬다}는 일을 할 수 있는 [사람]을 명사항으로 선택하고, {자다}는 활동할 수 있는 [사람/ 동물]을 명사항으로 선택하고, {죽다}는 생명이 있는 [사람/ 동물/ 식물]을 명사항으로 선택하는 것이 일반적이다. 인지할 수 있는 움직임이 없어지는 정도는 {쉬다 > 자다 > 죽다}와 같이 부등호로 나타낼 수 있다.

[움직임이 없음]		
[하던 일을 멈춤]	[의식 활동이 멈춤]	[의식 활동이 없어짐]
{쉬다}	{자다}	{죽다}

신현숙 (2001: 201) 참조

? 다음 자료의 용법과 의미를 생각해 보자.

ㄱ. 멈추다:

ㄴ. 머무르다:

ㄷ. 그치다:

ㄹ. 공부 안하다:

ㅁ. 놀지 못하다:

ㅂ. 싱겁다:

ㅅ. 가물다:

ㅇ. 가만있다:

12

{자라다/ 늙다}의 의미를 분석하면 어떤 결과가 나올까?

◆ {자라다/ 늙다}는 자동사 범주에 속하는 동사 유형이다. 문장을 구성할 때 하나의 명사항을 필수적으로 요구하며, 그 명사항이 공통적으로 가지는 의미 자질은 [사람]이다. 또한 두 동사가 가지는 공통의미는 [움직임이 아닌 변화에 초점]이라는 의미 자질로 설정할 수 있다.

◎ {자라다/ 늙다}의 선택제한

필수적으로 요구하는 명사항의 수: 1개

명사항의 공통의미 자질: [사람]

◎ {자라다/ 늙다}의 공통의미

동사로서의 의미 자질: [움직임이 아닌 변화에 초점]

◆ 동사 {자라다}는 [기준을 향한 변화]를 지시하고 {늙다}는 [기준에서 벗어나는 변화]를 지시한다는 점에서 대립한다.

[움직임이 아닌 변화에 초점]	
[기준을 향한 변화]	[기준에서 벗어나는 변화]
{자라다}	{늙다}

신현숙 (2001: 202) 참조

◆ 일반적으로 기준을 설정하는 것은 언어사용자와 명사항의 내용에 따라 달

라질 수 있다. 예를 들어 {아이가 무럭무럭 잘 자란다}고 했을 때, 나이를 기준으로 삼는지 아니면 성년이 되는 나이를 기준으로 삼는지가 뚜렷하지 않다. 또한 키가 기준을 향하여 변화한 것인지, 몸집이 기준을 향하여 변화한 것인지, 또는 정신 활동이 변화한 것인지도 명확하지 않다. 기준 설정의 어려움은 {늙다}에서도 마찬가지로 나타난다. {그 사람 늙었어}라고 했을 때 상황이 없으면 언어사용자가 무엇을 기준으로 삼았는지 인지하기 어렵다.

▣ {늙다/ 젊다}의 의미와 용법을 세상 일에 관한 지식으로 설명한다면?

　ㄱ. 늙는다/ *늙어지다

　　*젊는다/ 젊어지다

　ㄴ.*그동안 늙으셨네요!/ 그동안 늙어지셨네요!

　　*그동안 젊으셨네요!/ 그동안 젊어지셨네요!

▣ 다음 자료의 차이는 어떻게 설명할 수 있을까?

　ㄱ. 젊은이/ 늙은이

　ㄴ. 젊은 오빠/ *늙은 오빠

　ㄷ. *젊은 호박/ 늙은 호박

　ㄹ. *애젊은이/ 애늙은이

　ㅁ. *two years young/ two years old

13

대상을 이동하는 이동 동사의 어휘장은?

◆ 한국어에서 동작주가 이동을 하는 것과 관련지을 수 있는 동사로는 {가다/오다}를 비롯한 방향과 관련지을 수 있는 이동 동사나 과정과 관련지을 수 있는 이동 동사를 들 수 있다. 동작주에 의해 대상이 이동을 하는 것과 관련지을 수 있는 동사로는 {밀다/ 당기다/ 주다/ 받다} 등을 들 수 있다.

ㄱ. 지우가 학교에 갔다/ 왔다.

ㄴ. 지우가 책상을 밀었다/ 당겼다.

⇒ 자료 (ㄱ)에서는 동작주인 {지우}가 {학교}라는 장소로 이동했음을 나타내고 있다. 그리고 (ㄴ)에서는 동작주인 {지우}에 의해 대상인 {책상}이 이동하고 있음을 나타낸다.

◆ 대상의 이동과 관련된 동사는 대부분 의미적 대립 관계를 형성한다. 곧 {밀다}는 {당기다}와 의미적 대립 관계를 형성하고, {주다}는 {받다}와 의미적 대립 관계를 형성한다.

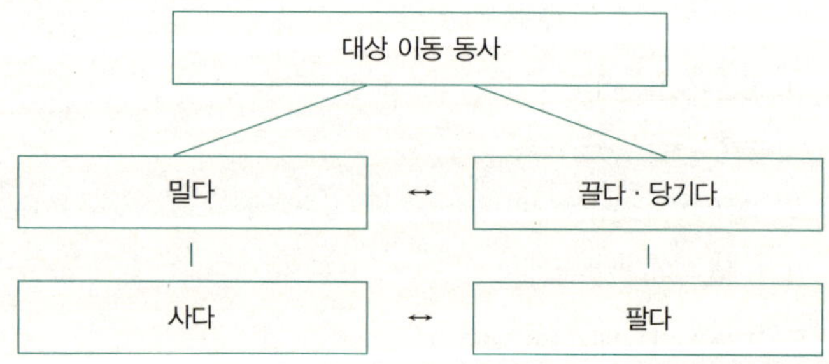

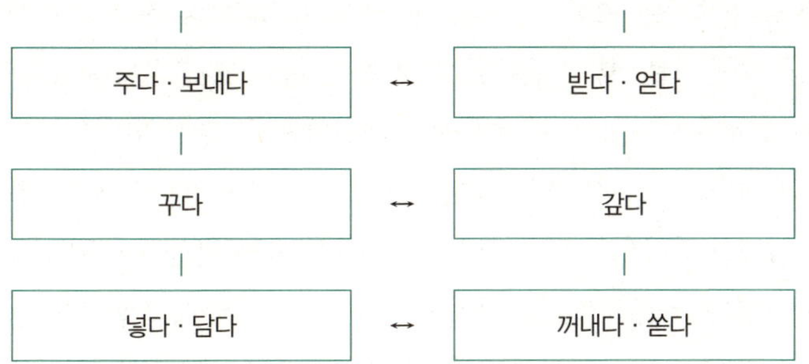

? 다음 동사의 의미를 설명하기 위하여 그림을 그린다면 어떻게 그릴 수 있을까?

ㄱ. 넣다:

ㄴ. 꺼내다:

ㄷ. 놓다:

ㄹ. 팔다:

ㅁ. 쏟다:

14

결합 동사 범주와 분리 동사 범주 사이에는 어떤 관련성이 있을까?

◆ 결합 동사 범주에 속하는 {잇다/ 매다/ 묶다/ 엮다}와 분리 동사 범주에 속하는 {끊다/ 풀다}는 대립 관계를 보일 것이라는 가정을 할 수 있다. 그렇다면 모든 결합 동사는 모든 분리 동사와 대립하는가? 추상의미를 설정하고 공통의미와 개별의미를 정리하는 과정에서도 어느 정도 밝혀졌지만, 두 범주의 대립은 일정한 방향으로 나타난다. 곧 {잇다}는 {끊다}와 주로 대립하고, {매다/ 묶다/ 엮다}는 주로 {풀다}와 대립한다. 이와 같은 대립 관계를 통해서 결합 동사 범주에 속하는 동사 가운데 {잇다}와 {매다/ 묶다/ 엮다}는 차이가 있음도 알 수 있다.

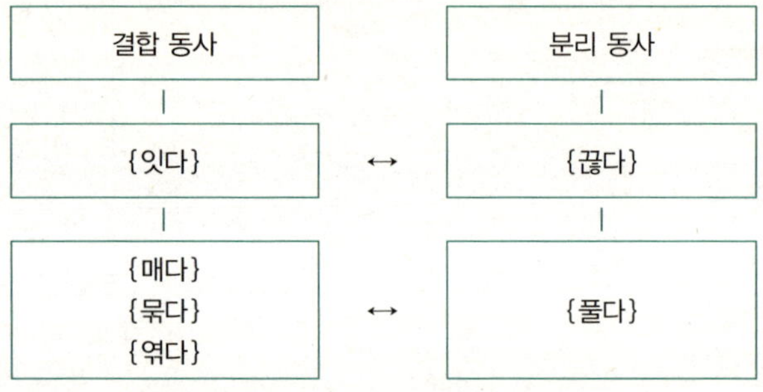

◆ 결합 동사 {잇다}는 분리 동사 {끊다}와 주로 대립하고, 결합 동사 {매다/ 묶다/ 엮다}는 분리 동사 {풀다}와 주로 대립한다는 사실은 다음과 같은 자료를 통해서도 살펴볼 수 있다.

ㄱ. 끊어진 실을 잇다.

ㄴ. 말을 잇다. ↔ 말을 끊다/ $^?$풀다.

ㄷ. 옷고름을 매다. ↔ 옷고름을 풀다/ $^?$끊다.

ㄹ. 밧줄을 묶다. ↔ 밧줄을 풀다/ $^?$끊다.

ㅁ. 실타래를 엮다. ↔ 실타래를 풀다/ $^?$끊다.

⇒ (ㄱ)을 통해서 우리는 {끊다}와 {잇다}가 서로 대립되는 것임을 더욱 분명하게 알 수 있다. (ㄴ)에서는 {말을 잇다}와 반대되는 의미로 쓰이는 것이 {말을 풀다}가 아닌 {말을 끊다}임을 알 수 있다. 또한 (ㄷ-ㅁ)에서도 {옷고름을 매다}, {밧줄을 묶다}, {실타래를 엮다}가 {옷고름을 풀다}, {밧줄을 풀다}, {실타래를 풀다}와 반대 의미를 지니고 있음을 알 수 있다.

? 결합 동작을 지시하는 동사와 각 동작에 필요한 도구와 방법을 생각해 보자.

ㄱ. 동작:

ㄴ. 도구:

ㄷ. 방법:

{잇다/ 매다/ 묶다/ 엮다}의
공통의미와 개별의미는 무엇인가?

{잇다/ 매다/ 묶다/ 엮다}의 공통의미

선이나 선으로 생각되는 두 개체를
하나의 개체로 결합시킴

{잇다}의 개별의미	{매다}의 개별의미	{묶다}의 개별의미	{엮다}의 개별의미
두 개체를 결합한 부분에 표시가 없음	두 개체를 결합한 부분에 매듭이 있음	두 개체를 결합한 영역 속에 다른 개체가 있어야 함	개체를 최소한 두 번 이상 엇갈리게 결합함

{잇다}의 추상의미	{매다}의 추상의미	{묶다}의 추상의미	{엮다}의 추상의미
같은 개체나 다른 개체를 접촉하여 언어사용자가 인지하는 영역 속에서 결합함을 뜻한다. 개체는 선이나 선으로 인지하는 것이다.	같은 개체나 다른 개체를 결합하여 하나의 개체로 되게 함을 뜻한다. 개체는 선이나 선으로 인지하는 것이며 결합한 결과로 매듭이 있다.	두 개체를 결합하여 하나의 개체로 만든다. 이때의 개체는 선이나 선에 의해서 만들어진 영역이 될 수 있다. 두 개체가 결합한 영역 속에는 반드시 다른 개체가 있으며 {묶다}가 지시하는 동작이 일어나기 전에는 이 개체가 흩어져 있음을 전제로 한다.	두 개체를 하나의 개체로 결합함을 지시한다. 이때의 개체는 선이나 선으로 생각되는 것이며, 결합하는 방법이 최소한 두 번 이상 서로 엇갈린다. 또한 다른 개체가 들어갈 수도 있다.

{끊다/ 풀다}의 공통의미와 개별의미는 무엇일까?

<table>
<tr><td colspan="2" align="center">

{끊다/ 풀다}의 공통의미

하나로 인지하던 개체를
두 개체 이상으로 분리함

</td></tr>
<tr><td align="center">

{끊다}의 개별의미

하나의 개체나 결합한
흔적이 없는 개체를 분리함

</td><td align="center">

{풀다}의 개별의미

결합한 개체나 결합한
흔적이 있는 개체를 분리함

</td></tr>
<tr><td align="center">

{끊다}의 개별의미

하나의 선이나 선처럼
인지하고 있는 개체를
두 개체로 분리하는
의미를 지시한다.
또한 {잇다}로 결합한
두 개체를 분리하는
상황에서도 쓰인다.

</td><td align="center">

{풀다}의 개별의미

하나로 결합된 개체를
두 개체 이상으로
분리시킴을 뜻한다.
개체는 선이나 선으로
인지하는 것이거나
매듭이 있는 것이다.

</td></tr>
</table>

? 분리 동작을 지시하는 동사와 각 동작에 필요한 도구와 방법을 생각
해 보자.

ㄱ. 동작:

ㄴ. 도구:

ㄷ. 방법:

{받다}와 {얻다}의 공통의미와 개별의미는 어떻게 설명할 수 있을까?

◆ 동사 {받다}와 {얻다}는 서로 비슷한 의미를 가지며 두 동사가 쓰인 많은 문장에서 대치가 가능하다. 그러나 두 동사는 똑같은 의미를 가지는 것이 아니기 때문에 의미 영역이 부분적으로는 겹치지만 부분적으로는 겹치지 않는다. 따라서 언어사용자는 상황에 따라 적절한 동사를 사용한다.

ㄱ. 영이는 철수에게서 책을 <u>받았다</u>/ <u>얻었다</u>.

ㄴ. 영이는 철수에게서 칭찬을 <u>받았다</u>/ *얻었다.

ㄷ. 영이는 철수에게서 기쁨을 *받았다/ <u>얻었다</u>.

⇒ (ㄱ)은 {받다}와 {얻다}가 모두 쓰일 수 있는 발화이다. (ㄴ-ㄷ)은 {받다}나 {얻다} 가운데 하나만이 자연스럽게 쓰일 수 있는 발화이다.

◆ {받다}와 {얻다}의 의미 영역이 겹치는 부분은 공통의미로 설정할 수 있으며, 의미 영역이 겹치지 않는 부분은 개별의미로 설정할 수 있다. 대상의 장소 이동과 관련하여 {받다}와 {얻다}는 [주어에 대상이 도착]이라는 공통의미를 가진다. 그리고 {받다}는 [주어에 대상이 있음]이라는 개별의미를 가지며, {얻다}는 [주어에 대상이 생김]이라는 개별의미를 가진다.

ㄱ. 영이는 철수에게서 책을 <u>받았다</u>/ <u>얻었다</u>.

ㄴ. 영이가 전화를 <u>받았다</u>/ 얻었다.

⇒ 언어사용자는 (ㄱ)에서 {받다}와 {얻다}의 대상이 되는 {책}이 {철수}에게서 장소 이동을 하여 주어인 {영이}에 도착하였음을 인지할 수 있다. 이것이 {받

다}와 {얻다}의 공통의미가 된다. 그런데 {받다}가 쓰인 발화의 의미와 {얻다}가 쓰인 발화의 의미에는 차이가 있다. {받다}가 쓰인 발화는 [영이가 책을 빌리거나, 아니면 빌려준 책을 돌려받거나 하여 자기에게 책이 있도록 하였음]을 의미한다. 그러나 {얻다}가 쓰인 발화는 [영이에게 없던 책이 새로 생겼음]을 의미한다. 이러한 개별의미는 (ㄴ)을 통해 더욱 잘 드러난다. {받다}가 쓰인 발화는 [현재 주어에게 대상인 전화기가 있음/ 다른 사람이 전화를 하였음]에 초점을 두고 있으나, {얻다}가 쓰인 발화는 [주어에게 없던 대상인 전화기가 생김]에 초점을 두고 있다.

? {받다}와 결합할 수 있는 어휘를 생각해 보자.

ㄱ. 열 받지 마!

ㄴ.

ㄷ.

ㄹ.

18

{버리다}와 {잃다}의 공통의미와 개별의미는 어떻게 설명할 수 있을까?

◆ 동사 {버리다}와 {잃다}는 대상의 장소 이동과 관련하여 [주어에서 대상이 출발]이라는 공통의미를 지닌다. 이는 {받다}와 {얻다}가 가지는 [주어에 대상이 도착]이라는 공통의미와 대립된다. 주어에서 대상이 출발한다는 것은 주어에게 그 대상이 있었음을 전제하는 것이다. {버리다}와 {잃다}는 또한 [주어에 대상이 없음]이라는 공통의미도 지닌다. 주어에서 대상이 출발하여 이동하였으므로 대상은 주어에 존재하지 않게 되었음을 의미한다.

ㄱ. 영이는 쓰레기통에 휴지를 <u>버렸다</u>.

ㄴ. 영이는 어렸을 때 오빠를 <u>잃었다</u>.

⇒ (ㄱ)은 {버리다}가 쓰인 발화이다. {버리다}와 {잃다}의 공통의미를 적용하여 보면, [영이에게서 휴지가 출발], [영이에게 휴지가 없음]이라는 의미를 가진다고 할 수 있다. 곧 [영이에게 있던 휴지가 쓰레기통으로 이동하였으므로 휴지는 영이에게 없음]을 의미한다. (ㄴ)은 {잃다}가 쓰인 발화이다. 역시 {버리다}와 {잃다}의 공통의미를 적용하면, [영이에게서 오빠가 출발], [영이한테 오빠가 없음]이라는 의미를 가진다고 할 수 있다. [영이한테 있던 오빠가 이동하여 영이한테 없게 되었음]을 의미하는 것이다.

◆ 동사 {버리다}는 [주어에서 대상을 없앰]이라는 개별의미를 지니며, {버리다}가 쓰인 문장의 주어는 대상을 이동시키는 행위자*agent*이다. {잃다}는 [주어에서 대상이 없어짐]이라는 개별의미를 지시하고, {잃다}가 쓰인 문장의 주어는 대상 이동의 영향을 받는 수동자*patient*이다.

ㄱ. 철수는 문 밖으로 공을 <u>버렸다</u>.

ㄴ. 철수는 총을 맞고 다리를 <u>잃었다</u>.

⇒ (ㄱ)에서 주어인 {철수}는 대상인 {공}을 버린 행위자로서의 역할을 한다. 곧 {철수}에게 있던 {공}을 이동시키는 데 주동적인 역할을 하는 것이다. 반면에 {잃다}가 쓰인 발화 (ㄴ)에서 주어 {철수}는 대상인 {다리}를 잃게 되는 수동자로서의 역할을 한다. 곧 주어의 의지가 아닌 외부 요인에 의하여 {다리}를 잃게 되는 것이다. 따라서 {잃다}는 [주어에서 대상을 없앰]이라는 의미를 지시하는 {버리다}와는 달리, [주어에서 대상이 없어짐]이라는 수동적인 의미를 지시하게 되는 것이다.

? 다음 자료의 의미와 용법을 생각해 보자.

ㄱ. 친구를 버리다/ 친구를 잃다/ 친구를 잃어버리다

ㄴ. 지갑을 버리다/ 지갑을 잃다/ 지갑을 잃어버리다

ㄷ. 휴지를 버리다/ 휴지를 잃다/ 휴지를 잃어버리다

ㄹ. 눈을 버리다/ 눈을 잃다/ 시력을 잃다/ 시력을 잃어버리다

흉내 표현을 생성하는 {-거리다}, {-대다}, {-하다}, {-이다}의 의미는 어떻게 분석할 수 있을까?

◆ 접사 {-거리다}, {-대다}, {-하다}, {-이다}의 의미는 어근의 의미 자질에 따른 **선택제한**과 밀접하게 관련된다. 이들은 그것이 지닌 의미 자질과 같은 의미 자질을 지닌 어근을 선택하는 경향이 있기 때문이다. 곧 동적動的인 의미가 있는 접사는 동적인 의미가 있는 어근과 더욱 자연스럽게 결합하고, 동적인 의미가 없는 접사는 정적靜的인 의미가 있는 어근과 더욱 자연스럽게 결합한다. 따라서 접사 {-거리다}, {-대다}, {-하다}, {-이다}의 의미를 추출하기 위해서는 어근의 의미 자질을 살피는 것이 반드시 필요하다.

◆ 흉내 표현의 접사 가운데 동적인 의미가 있는 {-거리다}, {-대다}는 동적인 의미를 지닌 어근을 선택하는 경향이 있다. 그리고 동적인 의미가 없는 {-하다}, {-이다}는 정적인 의미를 지닌 어근을 선택하는 경향이 있다. 그러나 동적인 의미를 지닌 어근과 정적인 의미를 지닌 어근이란 명확하게 나뉘는 것이 아니라 정도의 차이가 있는 것이다. 또한 같은 어근을 선택하는 경우에도 접사에 따라 움직임의 정도가 다르게 느껴진다.

ㄱ. 껑충거리다/ 껑충대다/ ?껑충하다/ *껑충이다

⇒ {-거리다}, {-대다}는 동적인 의미가 강한 어근인 {껑충}과의 결합이 자연스럽다. 그러나 {-하다}가 {껑충}과 결합하면 흉내 표현으로서의 의미가 아니라 [키가 멋없이 크고 다리가 길다] 또는 [치마나 바지 따위의 옷이 꽤 짧다]라는 의미를 가지게 된다. 만약 {-하다}의 어근을 움직임으로 바꾸려면 두 개의 어근을 사용하여 {껑충껑충하다}로 써야 하는데, 이는 {-하다}에 동적

인 의미가 없기 때문이다. 그리고 동적인 의미가 없는 {-이다}는 {껑충}과의
결합이 불가능하다.

ㄴ. 반짝거리다/ 반짝대다/ 반짝하다/ 반짝이다

⇒ 어근 {반짝}은 흉내 표현 접사 모두와 결합할 수 있다. 그러나 접사에 따라 반
짝임의 정도는 달라진다. 곧 {-거리다}, {-대다}와 같이 동적인 의미가 강한
접사와 결합하면 반짝임의 정도도 크고 강하게 느껴지고, {-하다}, {-이다}
와 같이 동적인 의미가 없는 접사와 결합하면 반짝임의 정도도 약하거나 짧
게 느껴진다.

◆ 신현숙 (1998: 86)에서는 흉내 표현을 생성하는 언어 형식을 다음과 같이
제시하였다.

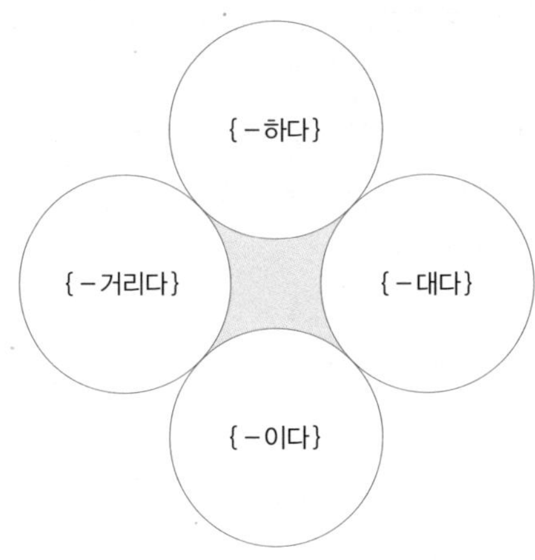

20

언어사용자는 왜 {-거리다}를 선택하여 흉내표현을 생성할까?

◆ 언어사용자는 움직임, 소리, 느낌, 생김새 등을 흉내내는 어근을 동적인 표현으로 바꾸기 위하여 {-거리다}를 선택한다. 따라서 언어사용자는 {-거리다}를 정적(靜的)인 표현과 관련되는 어근과는 함께 사용하지 않으나, 움직임을 인지하였거나 움직임을 표현하고자 할 때는 선택할 수 있다.

  ㄱ. 흔들거리다/ 으르렁거리다/ 따끔거리다/ 희끗거리다

  ㄴ. *느릿거리다/ *아슬거리다/ *호리거리다

  ㄷ. 두 눈은 불덩이처럼 이글거립니다.

  ⇒ (ㄱ)은 {-거리다}가 흉내를 지시하는 어근과 결합하는 것을 보여주는 예이고,
    (ㄴ)은 {-거리다}가 정적인 표현과 관련되는 어근과 결합하지 않는 것을 보
    여주는 예이다. 반면에 (ㄷ)을 통하여 {-거리다}가 정적인 의미를 지닌 어근
    과도 결합할 수 있음을 알 수 있다.

◆ 언어사용자는 어근이 지시하는 흉내를 연속되는 움직임으로 바꾸기 위하여 {-거리다}를 선택한다. 따라서 같은 움직임이 연속되지 않는다고 인지하면 {-거리다}를 선택하지 않는다.

  ㄱ. 들락거리다/ 허둥거리다

  ㄴ. *들락날락거리다/ *허둥지둥거리다

  ⇒ (ㄱ)은 {-거리다}가 어근이 지시하는 흉내를 연속되는 움직임으로 표현하는
    것을 보여준다. 그리고 (ㄴ)은 같은 움직임이 연속되는 것이 아니면 {-거리

다}가 쓰일 수 없음을 보여준다.

◆ 언어사용자가 {−거리다}를 사용하는 것은, 이 형식과 관련되는 움직임의 양끝을 인지하지 못하여 완성되지 않은 움직임처럼 인지하였기 때문이다. 따라서 언어사용자가 완성된 움직임이라고 인지하면 {−거리다}를 선택하지 않는다.

ㄱ. 그의 아내가 기침으로 <u>쿨룩거리기는</u> 벌써 달포가 넘었다.

ㄴ. *<u>늘씬거리는</u> 친구들이 왔다.

⇒ (ㄱ)에서 {−거리다}는 달포가 넘도록 끊이지 않고 연속되는 움직임을 표현하기 위하여 선택되었다. (ㄴ)에서는 {−거리다}를 선택할 수 없는데, 이는 어근이 이미 완성된 상태를 지시하는 것이기 때문이다.

？ {−거리다}와 {−대다}의 의미 차이를 그림으로 정리해 보자.

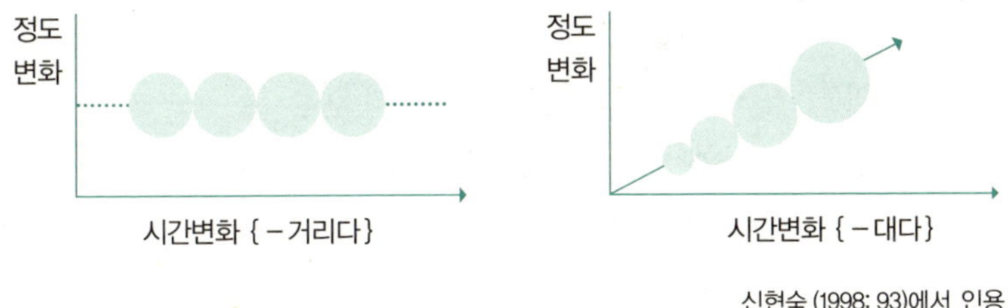

신현숙 (1998: 93)에서 인용

21

흉내 표현을 생성하는 {−거리다}와 {−대다}의
선택제한은 어떤 차이가 있을까?

◆ 언어사용자는 {−거리다}보다 동적인 표현을 하기 위하여 {−대다}를 선택한다. 곧 {−대다}는 {−거리다}보다 행위자 태도를 많이 반영하기 때문에 행위자의 의지와 관련되는 어근과 자연스럽게 결합한다.

ㄱ. 조마거리다/ *조마대다

ㄴ. 비비대다/ *비비거리다

⇒ (ㄱ)에서는 {조마}와 같이 행위자의 의지와 관련이 없는 어근과는 {−거리다}가 자연스럽게 결합함을 보여준다. 그리고 (ㄴ)에서는 {비비}와 같이 행위자의 의지와 관련되는 어근과는 {−대다}가 자연스럽게 결합함을 보여준다.

◆ 언어사용자는 {−거리다}와 마찬가지로 연속되는 움직임을 인지할 때 {−대다}를 사용한다. 그러나 {−대다}가 쓰이면 똑같은 움직임의 연속을 인지하기보다는 점차 그 강도가 높아지는 움직임의 연속을 인지하게 된다. 곧 움직임이 점점 커져서 처음에 인지한 움직임과 끝에 인지한 움직임의 크기가 다르다. 따라서 움직임의 크기가 변화할 수 없는 시간 폭이나 공간 폭을 지시하는 언어 형식과 함께 쓰이면 자연스럽지 않다.

ㄱ. 이 친구는 또 한 번 고개를 [?]끄덕댔다/ 끄덕거렸다

ㄴ. 나지막하게 처음엔 몇 번 으르렁대더니/ 으르렁거리더니

⇒ 시간 폭이 없는 (ㄱ)에서는 {−대다}의 사용이 부자연스럽고, 시간 폭이 있는 (ㄴ)에서는 {−대다}의 사용이 자연스럽다.

한국어 특강 1 의미와 의미 분석

◆ {-거리다}와 마찬가지로 {-대다}도 미완성의 동작상과 관련지을 수 있다. 그런데 재미있는 것은 {-거리다}는 양쪽 끝을 인지할 수 없는데 반하여 {-대다}는 움직임이 끝나는 지점만 인지할 수 없다. 곧 {-대다}가 쓰인 표현에서는 움직임이 일어나기 시작하는 출발점은 어느 정도 인지할 수 있다. 이에 따라 우리는 출발점을 기준으로 하여 움직이는 정도가 높아지는 단계를 인지할 수 있다.

? 다음 자료에 쓰인 {대다}를 그림으로 정리해 보자.

　　ㄱ. 그림에 손을 대다

　　ㄴ. 논에 물을 대다

　　ㄷ. 동생 학비를 대다

　　ㄹ. 술을 입에 대다

　　ㅁ. 배가 출렁대다

　　ㅂ. 아이가 칭얼대다

22

흉내 표현을 생성하는 {-하다}의 선택제한은?

◆ 접사 {-하다}는 언어사용자가 정적인 것으로 인지한 현상을 표현하거나 정적인 것으로 추리한 현상을 표현하기 위하여 선택한다. 따라서 {-거리다}나 {-대다}보다 정적인 표현과 관련되며, 정적인 어근과 결합하는 경향이 있다. 특히 정적인 의미가 적극적으로 드러나는 생김새와 관련되는 어근과도 자연스럽게 결합한다.

ㄱ. *느릿거리다/ *느릿대다/ 느릿하다

ㄴ. *따끈거리다/ *따끈대다/ 따끈하다

ㄷ. 호리호리하다/ 어마어마하다

⇒ (ㄱ)과 (ㄴ)에서 {-하다}는 정적인 어근과 자연스럽게 결합한다. 또한 (ㄷ)에서 {-하다}는 생김새와 관련되는 어근과도 자연스럽게 결합한다.

◆ 언어사용자는 어근이 지시하는 움직임을 연속적인 것이 아니라 단속적斷續的인 것으로 인지하는 경우에 {-하다}를 선택한다. 따라서 두 번 이상의 움직임도 연속적인 것으로 인지하지 않으면 {-하다}를 사용하는 것이다. 이러한 {-하다}의 쓰임은 같은 움직임이 연속된다고 인지하면 {-거리다}를 쓰는 것과 상반되는 현상이라 할 수 있다. 연속적인 움직임과 단속적인 움직임의 차이는 언어사용자가 움직임을 어떻게 인지하느냐에 바탕을 둔 것이다.

ㄱ. 영이는 기침을 콜록콜록하면서/ *콜록콜록거리면서 지나갔다.

ㄴ. 꼬마둥이 생쥐 한 마리가 들락날락하고/ *들락날락거리고 있다.

⇒ (ㄱ)과 (ㄴ)에서는 끊어질 수 있는 소리나 움직임을 지시하는 어근과 {–하다}

가 결합하여 쓰였다. 특히 (ㄴ)에서는 {–거리다}와 달리 두 가지 다른 움직임

을 지시한 어근과도 자연스럽게 결합하였다.

◆ 언어사용자는 움직임의 출발점과 도착점을 모두 인지할 수 있는 완성된 움

직임을 표현하기 위하여 선택한다. 이로 인하여 우리는 움직임보다는 상태를

인지하게 되며, 결국 {–하다}는 완성상을 나타내는 형식이라고 할 수 있다.

ㄱ. 머리가 <u>희끗희끗한</u> 인심 좋은 아주머니는

ㄴ. 기운이 아주 <u>가물가물하신</u>/ <u>?가물가물하시는</u> 모양이었다.

⇒ (ㄱ)은 하얗게 변한 머리의 상태를 완성된 것으로 인지하고 {–하다}를 사용한

것이다. (ㄴ)은 {–하다}가 완성의 의미를 지니는 {–은}과 자연스럽게 결합함

을 보여주는데, 이를 통해 {–하다}의 완성상을 확인할 수 있다.

? {–하다}의 의미를 그림으로 정리해 보자.

ㄱ. {갈팡질팡하다}

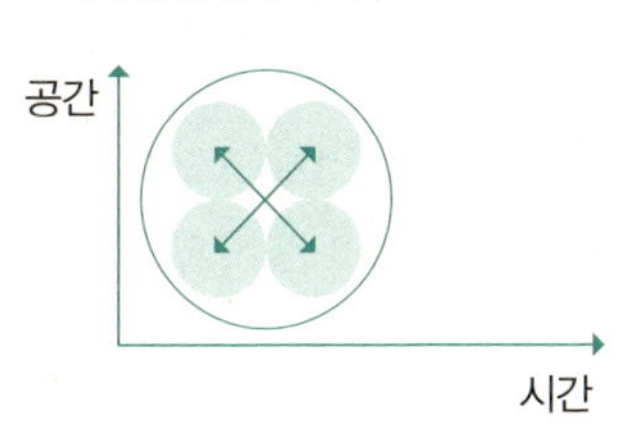

ㄴ. {꿀떡꿀떡하다}

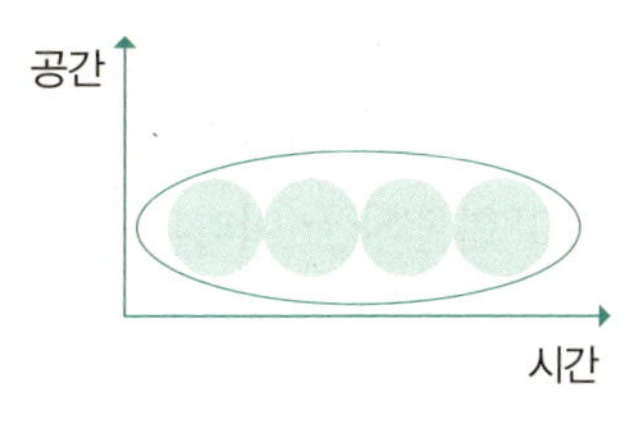

신현숙 (1998: 124)에서 인용

23

흉내 표현을 생성하는 {-이다}의 선택제한은?

◆ 언어사용자는 흉내를 지시하는 어근을 움직이는 표현으로 바꾸기 위하여 {-이다}를 선택한다. 그런데 이때 선택하는 어근은 동적인 의미보다 정적인 의미가 두드러지는 것이다. 그리고 소리와 관련된 어근도 정적인 소리처럼 인지하는 작은 소리와 결합하는 경향이 있다. 이와 같은 현상은 느낌을 지시하는 어근 선택에도 적용된다. 또한 생김새를 지시하는 어근도 정적인 의미와 관련되므로 {-이다}가 선택할 수 있는 어근이 많이 나타난다. 결론적으로 {-이다}는 {-거리다}나 {-대다}와는 달리 정적인 의미를 지니는 어근을 주로 선택하고, {-하다}와는 달리 단일 어근을 선택한다.

ㄱ. *허둥이다/ 망설이다

ㄴ. *우당탕이다/ 속삭이다

ㄷ. *욱신이다/ 끈적이다

ㄹ. 반짝이다/ 깜빡이다

⇒ (ㄱ-ㄷ)에서 {-이다}는 정적인 의미와 관련되는 어근과 자연스럽게 결합한다는 것을 확인할 수 있다. 또한 (ㄹ)에서 {-이다}가 반복 어근이 아닌 단일 어근과 결합한다는 사실도 알 수 있다.

◆ 언어사용자는 움직임의 전체가 아니라 움직임이 일어나는 출발점에 초점을 두어 표현할 때 {-이다}를 선택한다. 곧 언어사용자가 초점을 맞춘 영역에서 없던 움직임이나 상태가 일어난 것처럼 인지하여 표현할 때 사용하는 것이다.

ㄱ. (펄럭이지 않던 미국기가) 이때는 여름철의 외딴 야영지를 포함한 약 25개소
에서 미국기가 <u>펄럭이게</u> 된다.

ㄴ. (지껄이지 말아야 할 말인데) 수사관은 그에게 누구를 두고 그런 말을 <u>지껄였
느냐고</u> 다그쳤다.

ㄷ. (중요하지 않은 것에는 주의를 기울이지 않지만) 우리의 두뇌는 자동적으로
중요한 것에만 주의를 <u>기울이고</u> 나머지는 무시하게 됩니다.

ㄹ. (새벽녘이 되기 전까지는 눈물이 없었는데) 새벽녘이 되자 살인범은 눈물을
<u>글썽이면서</u> 고해를 했다.

⇒ (ㄱ-ㄹ)에서와 같이, 우리는 {-이다}가 지시하는 움직임이 언어사용자가 설
정한 영역 이전에는 없었다는 것을 알 수 있다.

? {-이다}의 의미를 그림으로 정리해 보자.

ㄱ. {-이다}로 표현하기 전에 인지한 것　　ㄴ. {-이다}로 표현할 때 인지한 것

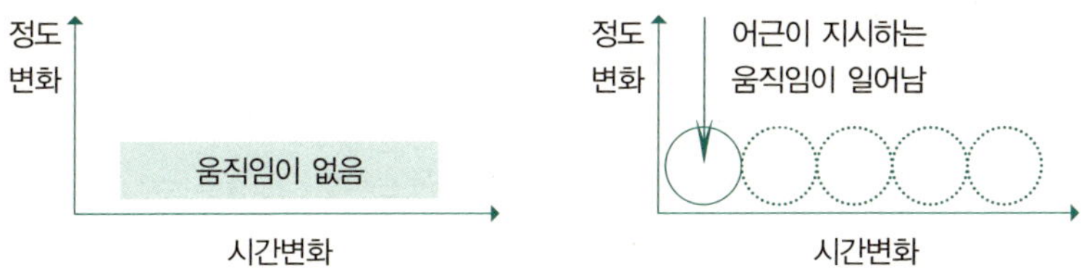

신현숙 (1998: 100)에서 인용

색채어를 분석할 때 의미 자질 [색/ 정도/ 느낌]은 어떻게 활용할 수 있을까?

◆ [색]은 색채어 어휘장을 성립시키는 가장 중요한 의미 자질이다. 한국어 사회에서 기본색으로 인지하는 [색]은 다섯 가지이며, 이러한 기본색은 다양한 [색]을 지시하기 위하여 고유어 층위에서, 한자어 층위에서, 또는 외래어 층위에서 확장된다.

◎ 기본색: [하양], [까망], [노랑], [빨강], [파랑]

◎ 확장색: [보라], [주황], [분홍], [초록], [연두], [베이지], [아이보리], [핑크], [퍼플]

◆ 의미 자질 [정도]는 [명도]와 [채도]를 모두 지시한다. 같은 [색]의 자질을 가지고 있는 색채어라도 [명도] 또는 [채도]에 따라 다른 [색]을 지시한다. [명도] 차이는 [색]의 밝은 정도를 가리키기 위하여 {밝다}와 {어둡다}의 관형형을 사용한다. 그러나 {밝다}와 {어둡다}는 상대적인 정도에 따른 반의어로서 구분하는 기준이 사람이나 상황에 따라서 달라질 수 있다. [채도] 차이는 [색]의 진한 정도를 가리킨다. 이와 같은 [채도] 차이를 지시하기 위하여 언어사용자는 {진하다}와 {연하다}, 그리고 {짙다}와 {옅다}를 활용하여 [색]을 표현한다.

◎ 명도 차이: [밝은] 노랑 ↔ [어두운] 노랑

◎ 채도 차이: [진한] 노랑 ↔ [연한] 노랑, [짙은] 노랑 ↔ [옅은] 노랑

◆ 한국어 색채어가 지시하는 [느낌]은 주로 양성 모음과 음성 모음의 대립

으로 나타난다. 예를 들어 양성 모음이 쓰인 색채어는 주로 밝고 경쾌한 [느낌]을 지시하고, 음성 모음이 쓰인 색채어는 주로 어둡고 무거운 [느낌]을 지시한다.

ㄱ. 낙엽은 <u>노랗게</u> 물들어 있다.

ㄴ. 벼가 <u>누렇게</u> 익어 간다.

⇒ 언어사용자는 자료 (ㄱ)과 (ㄴ)을 통해서 양성 모음이 쓰인 {노랗다}와 음성 모음이 쓰인 {누렇다}의 대립을 알 수 있다. 곧 {노랗게}는 {낙엽}의 색을 지시하고, {누렇게}는 {벼}의 색을 지시하고 있는데, 두 형식에서 우리는 서로 다른 [느낌]을 인지할 수 있다.

? 영어 색채어에서 인지할 수 있는 의미를 조사해 보자.

ㄱ. {red}　　[긍정적인 의미]: upbeat, confident, assertive

　　　　　　[부정적인 의미]: aggressive, bossy, domineering

ㄴ. {pink}　[긍정적인 의미]:

　　　　　　[부정적인 의미]:

ㅁ. {green}　[긍정적인 의미]:

　　　　　　[부정적인 의미]:

ㅂ. {orange} [긍정적인 의미]:

　　　　　　[부정적인 의미]:

25

색채어를 분석할 때 의미 자질 [상태/ 긍정/ 부정]은 어떻게 활용할 수 있을까?

◆ [상태]는 다섯 가지 기본색에 다양한 접미사를 결합한 형태가 주로 지시하는 의미 자질이다. 예를 들어 {하얗다/ 허옇다/ 희다}와 같은 색채형용사에 접미사가 결합한 형태 {허여멀겋다/ 희끄무레하다/ 희뿌옇다/ 희끗희끗하다} 등이 지시하는 의미이다.

   ㄱ. <u>희끗희끗한</u> 머리

   ㄴ. <u>까무잡잡한</u> 피부

   ㄷ. <u>노릇노릇한</u> 참외

   ㄹ. <u>붉으락푸르락</u> 변하는 얼굴

   ㅁ. <u>파릇파릇한</u> 잔디

  ⇒ (ㄱ)의 {희끗희끗한}은 흰색이 부분적으로 섞여 있는 [상태]를 지시하고, (ㄴ)의 {까무잡잡한}은 까만 {피부}의 보기 좋은 [상태]를 지시하고, (ㄷ)의 {노릇노릇한}도 {참외}가 보기 좋게 잘 익은 [상태]를 지시한다. 한편 (ㄹ)에 쓰인 {붉으락푸르락}은 얼굴의 화난 [상태]를 지시하고, (ㅁ)에 쓰인 {파릇파릇한}은 새싹이 돋아나기 시작하는 잔디의 [상태]를 지시한다.

◆ 한국어 사용자는 한국어 색채어를 통하여 [긍정]의 의미를 인지하기도 한다. 따라서 [긍정]의 의미 자질로 색채어의 의미를 설명할 수 있다.

   ㄱ. <u>하얀</u> 거짓말

   ㄴ. 비행기가 <u>까맣게</u> 높이 떠서

ㄷ. <u>노란색</u>은 봄의 빛깔

ㄹ. <u>빨강</u>은 화려하고 따뜻하다

ㅁ. <u>파랑</u>은 안전, 희망

◆ 한국어 색채어는 대상이나 색에 대하여 [부정]의 의미를 지시하기도 한다. 따라서 [부정] 의미 자질로 색채어의 의미를 설명할 수 있다.

ㄱ. <u>하얗게</u> 질려서 말도 못하고

ㄴ. <u>까만색</u>은 죽음의 색

ㄷ. <u>노란색</u>은 기회주의 상징

ㄹ. <u>빨강</u>은 위험, 반대

ㅁ. <u>파랗게</u> 성이 난 얼굴

◆ 색채어가 가지는 [긍정]과 [부정] 의미 자질은 단어의 의미 가치*semantic value* 개념과 관련지어 설명할 수 있다.

◆ 의미 가치는 주로 긍정 가치와 부정 가치로 논의되는데, 원칙적으로 객관적이고 공정해야 하는 뉴스와 같은 보도문에서도 대상에 대한 긍정적 의미나 부정적 의미, 또는 도덕적 의미를 기반으로 전달하는 경우가 많다 (신현숙·박건숙. 2007: 226~242 참조).

ㄱ. "끝내기 홈런을 쳐서 기분이 좋습니다."

ㄴ. 진정한 노인 복지는 '행복한 일터 만들기'

ㄷ. "흔들기 위한 먼지털기식 문제제기 안된다."

ㄹ. 일정은 온통 관광일색, 그것도 수박 겉핥기식이었습니다.

ㅁ. 버티기와 편법도 예상되지만 주택시장 안정에 기여할 것으로 전망되고 있습
니다.

? 의미 자질을 활용하여 한국어 색채어의 의미 정보를 구축해 보자.

의미 정보		예
의미 자질	[색]	기본색: [하양], [까망] 확장색: [보라], [주황]
	[정도]	명도 차이: [밝은] ↔ [어두운] 채도 차이: [진한] ↔ [연한], [짙은] ↔ [옅은]
	[느낌]	{노랗게/ 누렇게}, {새파랗게/ 시퍼렇게}
의미 자질	[상태]	{희끗희끗한 머리}, {까무잡잡한 피부}
	[긍정]	{하얀 거짓말}, {비행기가 까맣게 높이 떠서}
	[부정]	{하얗게 질려서 말도 못하고}, {까만색은 죽음의 색}

신현숙 · 김영란 (2004: 166)에서 인용

6장
어휘장

한국어에서 가족이나 친족 관계를 나타내는 어휘장은 어떻게 구성할 수 있을까?

◆ 가족이나 친족 관계를 나타내는 어휘는 어느 언어에나 존재하기 때문에 많은 학자들의 연구 대상이 되어 왔다. 한국어에서 가족이나 친족 관계를 바탕으로 만들어진 어휘를 묶은 어휘장의 구성은 계보도*genealogy chart*를 통하여 더욱 명확하게 인지할 수 있다.

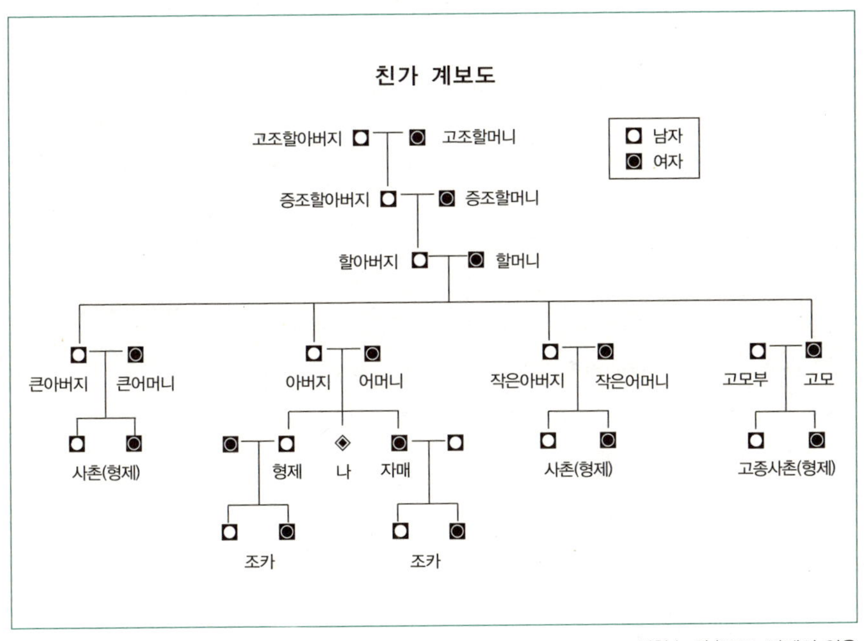

신현숙 외 (2000: 12)에서 인용

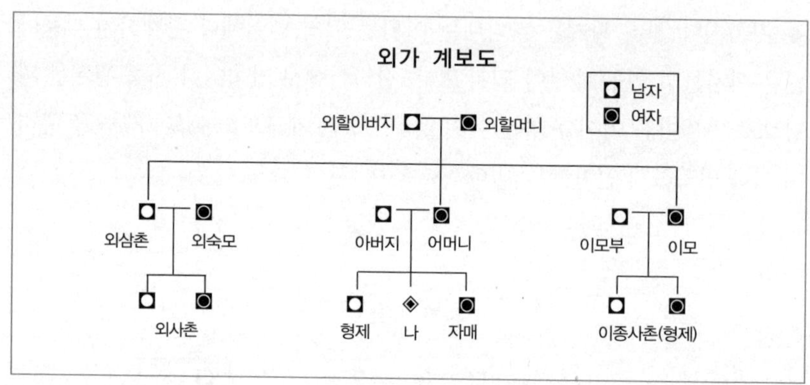

신현숙 외 (2000: 16)에서 인용

◆ 결혼과 함께 생기는 가족 관계를 생각해 보자.

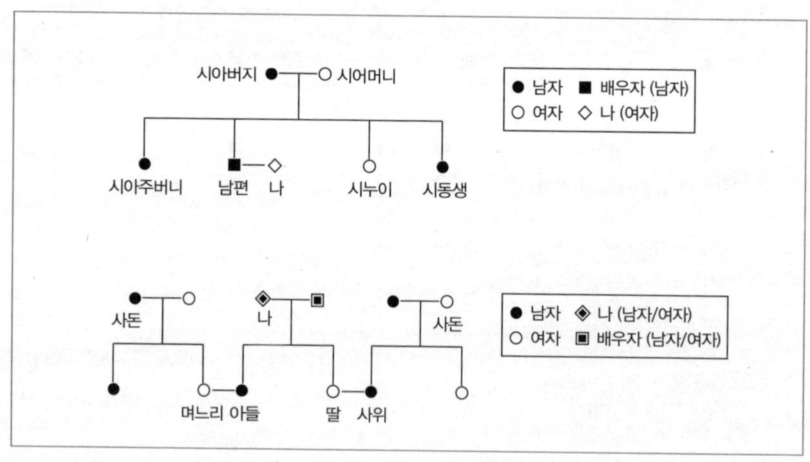

신현숙 외 (2000: 18~20)에서 인용

한국어 **특강 1** 의미와 의미 분석

한국어에서 {해[年]}와 관련지을 수 있는 어휘장은 어떻게 구성할 수 있을까?

◆ 일상생활에서 자주 사용하는 시간 표현 가운데 가장 큰 단위는 {해[年]}이다. 한국은 사계절이 뚜렷한 나라라고 한다. 한국어에서 {해}를 구성하는 시간 표현 가운데 {계절}을 나타내는 어휘로는 {봄/ 여름/ 가을/ 겨울}이 있다.

1년			
봄	여름	가을	겨울

◆ {해}를 구성하는 시간 표현에는 {달[月]}도 있다. 한국에서는 양력과 음력을 모두 사용하는데, {달}의 명칭 가운데는 양력에 따른 것인가, 아니면 음력에 따른 것인가를 기준으로 서로 다른 어휘를 사용한다.

1년 (양력)											
일월	이월	삼월	사월	오월	유월	칠월	팔월	구월	시월	십일월	십이월

1년 (음력)											
정월	이월	삼월	사월	오월	유월	칠월	팔월	구월	시월	동짓달	섣달

◆ 현재 우리가 살고 있는 {해}를 가리켜 {올해}라고 하는데, 이러한 현재의 시간 표현을 기준으로 과거와 미래는 서로 다른 어휘 항목을 사용한다.

과거		현재	미래		
재작년	작년	올해/ 금년	내년	후년	내후년

한국어에서 {달[月]}이나 {일[日]}과 관련지을 수 있는 어휘장은 어떻게 구성할 수 있을까?

◆ 한국어에서는 {하루}나 {이틀}처럼 기간을 나타낼 때 사용하는 고유어 어휘는 10일인 {열흘}까지 존재한다. {달}의 절반에 해당하는 15일은 {보름}이라고 한다.

달		
초 순	중 순	하 순

1일 - 10일 (고유어)									
하루	이틀	사흘	나흘	닷새	엿새	이레	여드레	아흐레	열흘

◆ {달}을 구성하는 시간 표현에는 {주[週]}도 있다. 그리고 {주}를 구성하는 {일}은 {-요일}이라는 명칭을 써서 나타낸다. 달력에 따라서는 일요일부터 시작하기도 한다.

일주일						
월요일	화요일	수요일	목요일	금요일	토요일	일요일

{하루}와 관련지을 수 있는 어휘장은?

◆ {일}을 나타내는 {하루}는 시간에 따라 몇 개의 단위로 나눌 수 있다. 그런데 그 기준이 무엇인가에 따라 사용하는 어휘 항목이 달라진다.

하루	
오전	오후

자정　　　　　　　　　　　　정오　　　　　　　　　　　　자정
0시　　　　　　　　　　　　 12시　　　　　　　　　　　　0시

하루				
새벽	아침	낮	저녁	밤
		대낮 · 한낮		한밤중

하루																							
0시	1시	2시	3시	4시	5시	6시	7시	8시	9시	10시	11시	12시	13시	14시	15시	16시	17시	18시	19시	20시	21시	22시	23시
자정	오전											정오	오후										

◆ 현재를 가리키는 {하루}는 {오늘}이라는 시간 표현으로 나타낼 수 있다. 그리고 과거와 미래는 {오늘}을 기준으로 서로 다른 어휘로 나타낸다.

과거		현재	미래			
그제 그저께	어제	오늘	내일	모레	글피	그글피

방향을 지시하는 어휘장은 ?

◆ 한국어에서 방향을 나타내는 어휘로는 고유어 {앞, 뒤, 옆, 위, 아래}와 한자어 {전前, 후後, 좌左, 우右, 상上, 하下}가 있다.

◆ 고유어 어휘 {앞/ 뒤/ 옆/ 위/ 아래}에 {-쪽}이 결합한 형태도 방향을 나타내는 어휘에 포함된다. 곧 {앞쪽/ 뒤쪽/ 옆쪽/ 위쪽/ 아래쪽}도 방향을 나타내는 어휘가 된다. 또한 고유어 {옆쪽}에 해당하는 {오른쪽/ 왼쪽}도 방향을 나타내는 어휘로 쓰인다. {오른쪽/ 왼쪽}에서 {오른/ 왼}도 방향을 나타내는 관형사로 쓰이고 있으므로 방향어 어휘장에 포함시킬 수 있다.

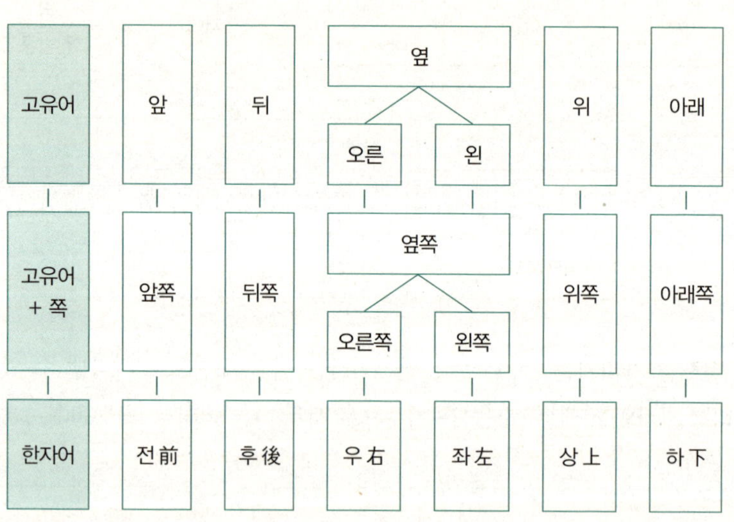

방위를 지시하는 어휘장은?

◆ 사전에서 방향은 [어떤 방위方位를 향한 쪽]이라고 정의한다. 이러한 정의에 따르면, 방향을 지시하는 어휘와 방위를 지시하는 어휘가 아주 밀접한 관련이 있을 것이라고 생각할 수 있다. 그러나 실제로 방향을 나타내는 어휘와 방위를 나타내는 어휘를 관련지을 수 있는 경우는 방위에 {-쪽}을 결합시킨 형태에서만이다. 곧 {동東}이라는 방위에 {-쪽}을 결합시키면 {동쪽}이라는 방향을 나타내는 어휘가 되는 것이다. 또한 {북동 北東}이라는 방위에 {-쪽}을 결합시키면 {북동쪽}이라는 방향을 나타내는 어휘가 된다.

◆ 한국어에서 방위를 지시하는 어휘는 모두 한자어이다. 방위를 나타내는 기본적인 어휘는 {동서남북 東西南北}이다.

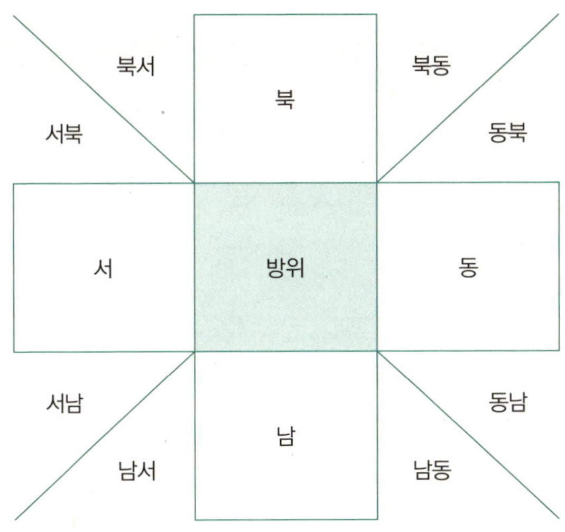

인간을 표현하는 어휘장은?

◆ 인간을 표현하기 위하여 사용하는 어휘는 나이나 성별, 그리고 신분을 바탕으로 만들어진 단어로 사람을 가리키거나 부르는 어휘 항목이 포함된다. 그런데 나이, 성별, 신분을 나타내는 어휘는 상대 개념의 어휘와 함께 묶을 수 있다. 곧 나이가 많고 적음, 남성과 여성의 구분, 신분의 높고 낮음으로 서로 상대되는 개념을 표현하는 어휘가 있다. 특히 성별에 따른 어휘에서는 상대 개념이 명확하게 드러난다.

성별에 따른 상대어

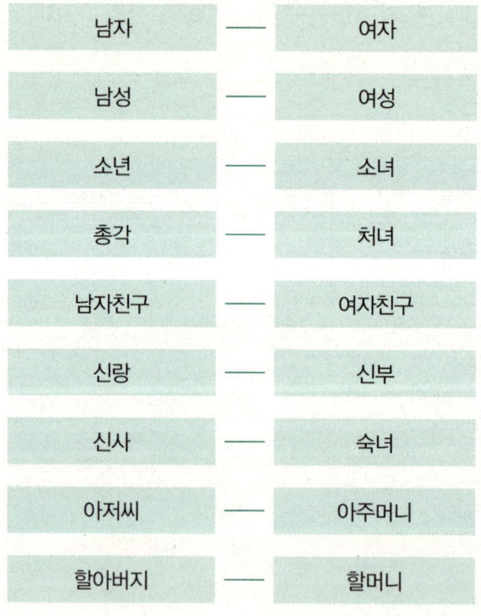

신현숙 외 (2000: 1)에서 인용

◆ 현대 사회에서는 남성과 여성의 이분법적 구분이 어려운 경우도 있다. 다른 성의 생활 습관을 따라하거나 성을 바꾼 사람들에 대해서 서로 다르게 정의하고 있기 때문이다.

◆ 인간과 관련지을 수 있는 어휘장을 생각해 보자.

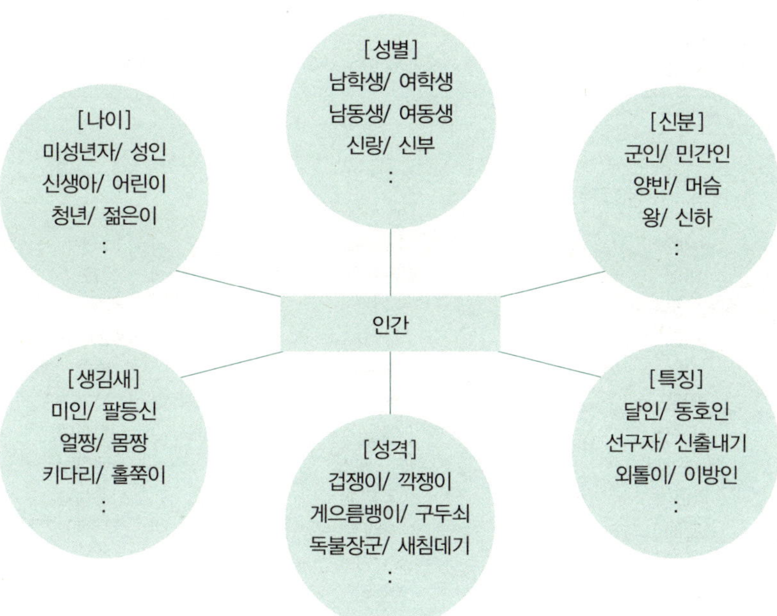

08

결혼과 관련지을 수 있는 어휘장은?

◆ 결혼이라는 단어를 접하면 결혼식을 가장 먼저 떠올리게 된다. 그러나 실제로 결혼과 관련지어 연상할 수 있는 단어는 훨씬 다양하다. 사랑을 하면서 결혼을 하기까지의 과정과 결혼을 한 이후 생활에 이르기까지 인간의 활동을 나타내는 단어를 함께 떠올릴 수 있기 때문이다. 따라서 결혼 관련 어휘장은 결혼 이전 단계와 결혼 단계, 그리고 결혼 이후 단계로 나누어 구성할 수 있다.

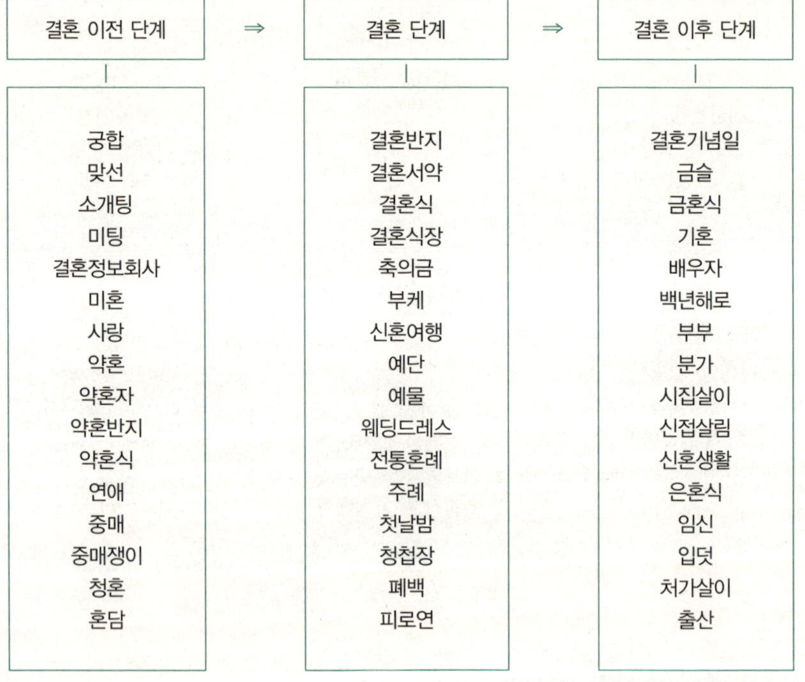

결혼 이전 단계	⇒	결혼 단계	⇒	결혼 이후 단계
궁합		결혼반지		결혼기념일
맞선		결혼서약		금슬
소개팅		결혼식		금혼식
미팅		결혼식장		기혼
결혼정보회사		축의금		배우자
미혼		부케		백년해로
사랑		신혼여행		부부
약혼		예단		분가
약혼자		예물		시집살이
약혼반지		웨딩드레스		신접살림
약혼식		전통혼례		신혼생활
연애		주례		은혼식
중매		첫날밤		임신
중매쟁이		청첩장		입덧
청혼		폐백		처가살이
혼담		피로연		출산

◆ 어휘장은 명사를 중심으로 구성하였으나 실제로는 인간의 활동이기 때문에 동사도 포함된다. 곧 {사랑}이라는 명제를 어휘장에 포함시키면 {사랑하다}라는 동사도 포함되는 것을 전제로 한다.

? {혼수}와 관련지을 수 있는 어휘장을 정리해 보자.

? {사랑}과 관련지을 수 있는 어휘장을 정리해 보자.

09

신체 기관 어휘장은?

◆ 사람의 신체는 크게 {머리/ 몸통/ 팔/ 다리}로 구성된다. 따라서 신체 어휘장도 이들을 중심으로 그 속에 포함된 기관의 명칭을 정리함으로써 구성할 수 있다. 또한 {머리}에는 {눈/ 코/ 입/ 귀}가 있는 {얼굴}이 포함된다. 그리고 {팔}은 {손}과 함께 있으며, {다리}는 {발}과 함께 있다. {눈/ 코/ 입/ 귀/ 손/ 발}은 더욱 세밀한 기관을 포함하고 있으므로 그 기관의 명칭도 함께 어휘장으로 구성할 수 있다.

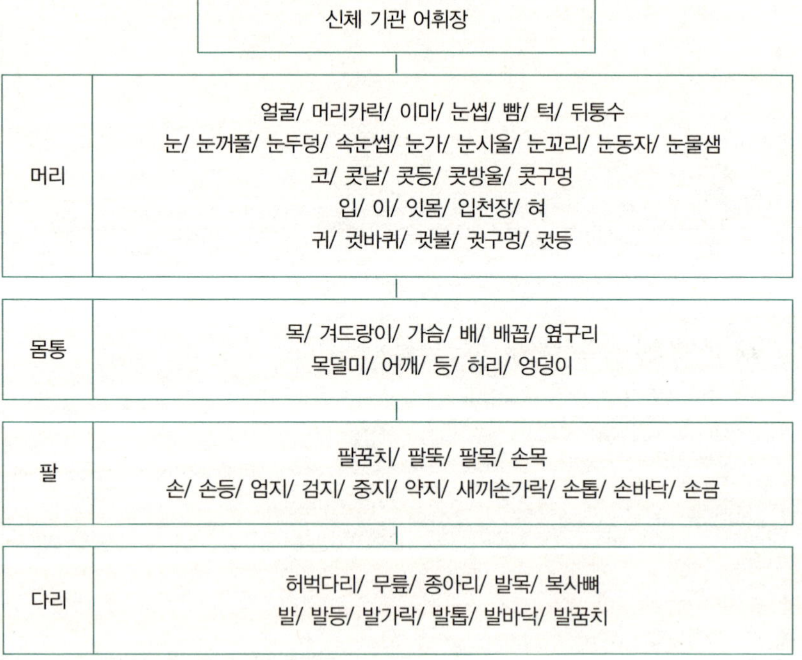

인간의 성격이나 태도와 관련지을 수 있는 어휘장은?

◆ 한국어에서 인간의 성격이나 태도를 나타내는 단어는 긍정적인 것과 부정적인 것으로 나뉘면서 반의어 관계를 이룬다. 예를 들어, 긍정적인 성격이나 태도를 나타내는 {좋다}는 부정적인 성격이나 태도를 나타내는 {나쁘다}와 반의어 관계에 있다. 또한 긍정적인 영역에 속하는 {착하다}는 부정적인 영역에 속하는 {못되다}와 반의어 관계에 있다. 물론 성격이나 태도를 표현하는 모든 단어가 반의어를 가지는 것은 아니다.

좋다	—	나쁘다
착하다	—	못되다
선하다	—	악하다
원만하다	—	모나다
친절하다	—	불친절하다
겸손하다	—	교만하다
공손하다	—	무례하다
부지런하다	—	게으르다
용감하다	—	비겁하다

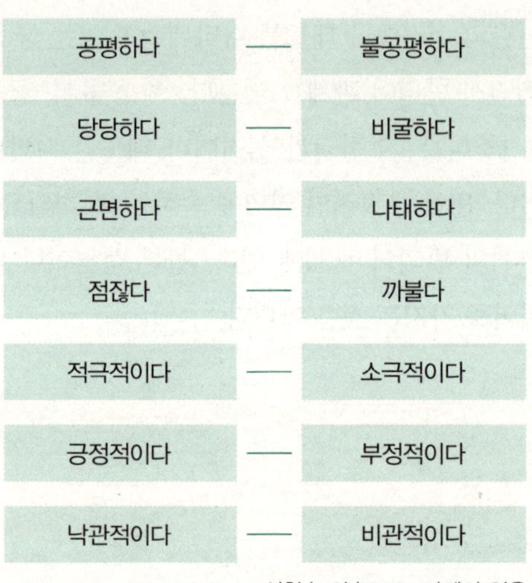

신현숙 외 (2000: 114)에서 인용

? 자신은 어떤 사람인지 생각해 보자.

? 어떤 친구가 좋은지 생각해 보자.

의생활과 관련지을 수 있는 어휘장은?

◆ 한국어에서 의생활과 관련되는 기본 어휘는 의복에 포함시킬 수 있는 다양한 물건을 나타내는 명사와 그것을 입고 벗는 행위를 나타내는 동사이다. 예를 들어, 의복에는 {단추}가 있는데, 이것은 입는 행위를 나타내는 {채우다/ 잠그다}라는 동사나 벗는 행위를 나타내는 {풀다/ 끄르다}라는 동사와 함께 연결되어 사용된다.

[의복]	[입다]	[벗다]
단추	채우다 잠그다	풀다 끄르다
윗옷 · 망토	걸치다	벗다
모자	쓰다	벗다
안경		
머리띠	하다	빼다
머리끈	묶다	풀다
머리핀	꽂다	빼다
비녀		
옷핀		
넥타이핀		
귀고리	하다	빼다
목걸이		
팔찌		

목도리	두르다	풀다
반지	끼다	빼다
장갑	끼다	벗다 빼다
시계	차다	풀다
넥타이	매다	풀다 끄르다
허리띠 · 벨트		
양말	신다	벗다
신발		

신현숙 외 (2000: 133)에서 인용

? {옷}과 {신} 범주에 속하는 어휘를 적어 보자.

{옷}: 치마, 저고리, 바지

{신}: 고무신, 짚신

{clothing}: zip, button

{shoes}: high heels, slippers

음식의 맛을 표현하는 어휘장은?

◆ 한국어에서 음식의 간을 표현하는 어휘는 보통을 기준으로 싱겁거나 짠 것을 양극화시켜 생각할 수 있다.

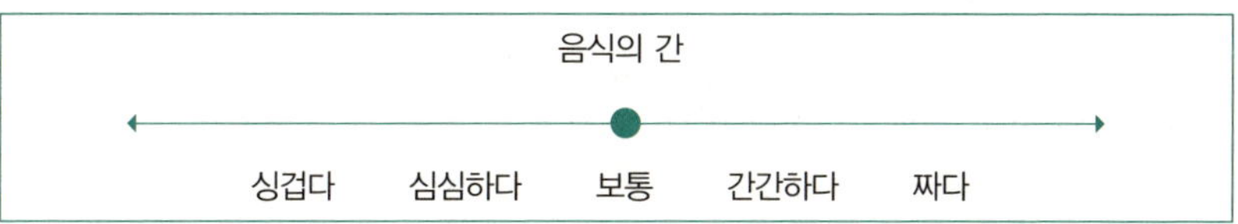

◆ 음식의 맛을 표현하는 어휘는 음식의 간을 표현하는 어휘를 포함하여 모두 다섯 가지 맛으로 세분화하여 어휘장을 구성할 수 있다. 곧 [짠맛/ 단맛/ 신맛/ 쓴맛/ 매운맛] 등으로 나누어 각각의 맛을 표현하는 기본 어휘와 함께 그 의미를 공유하는 다른 어휘 항목을 묶을 수 있다.

음식의 맛				
짠맛	단맛	신맛	쓴맛	매운맛
짜다	달다	시다	쓰다	맵다
간간하다 짭짤하다 :	달착지근하다 달콤하다 :	새콤하다 시큼털털하다 시큼하다 :	쌉쌀하다 씁쓸하다 :	매콤하다 얼큰하다 칼칼하다 :
	새콤달콤하다			

신현숙 외 (2000: 162) 참조

◆ 한국인은 {느끼하다/ 담백하다/ 떫다/ 상큼하다} 등의 어휘를 통해서도 음식 맛을 표현할 수 있다. 따라서 이와 같은 어휘도 음식 맛과 관련된 어휘장에 포함시킬 수 있다.

？ 음식 맛과 관련된 양념 어휘장을 구축해 보자.

짠맛	단맛	신맛	쓴맛	매운맛	향	기름
소금 간장 된장 국간장 조림간장 :	설탕 물엿 꿀 조청 :	식초 레몬즙 감식초 현미식초 :	생강 :	고춧가루 고추장 후추 겨자 핫소스 :	계피 생강 마늘 허브 :	참기름 들기름 콩기름 땅콩기름 올리브유 포도씨유 :

？ 자신이 좋아하는 음식과 그 맛을 적어 보자.

한국 음식과 관련지을 수 있는 어휘장은?

◆ 한국인은 {밥}과 {국}이나 {탕}을 주식으로 한다. 따라서 이와 관련된 어휘가 많이 발달하였는데, 특히 {밥}은 [재료], [다른 음식], [상태], [그릇/ 도구], [장소], [시간]에 따라 다양한 어휘장을 구성한다.

밥	[재료]	감자밥/ 굴밥/ 무밥/ 쌀밥/ 콩나물밥/ 콩밥
	[다른 음식]	쌈밥/ 미역국밥/ 김치볶음밥
	[상태]	고두밥/ 눌은밥/ 더운밥/ 찬밥/ 쉰밥
	[그릇/ 도구]	도시락밥/ 가마솥밥/ 주발밥/ 돌솥비빔밥/ 대나무통밥
	[장소]	기숙사밥/ 식당밥/ 절밥/ 하숙밥
	[시간]	새벽밥/ 아침밥/ 저녁밥/ 점심밥

신현숙 (2004: 136) 참조

◆ 한국인은 국물이 있어야 밥을 먹는다고 할 만큼 한국인의 밥상에서 국이나 탕은 중요한 역할을 하며 그만큼 다양한 종류가 발달하였다. 사전에서는 {탕}을 [국에 비해 오래 끓여 진하게 국물을 우려낸 것을 이른다]고 정의하고 있다.

국	미역국/ 곰국/ 오이냉국/ 떡국/ 만둣국/ 선짓국/ 순댓국/ 장국/ 콩나물국/ 된장국/ 감자국/ 무국
탕	갈비탕/ 감자탕/ 곰탕/ 꼬리곰탕/ 매운탕/ 삼계탕/ 설렁탕/ 우족탕/ 추어탕
찌개	김치찌개/ 된장찌개/ 두부찌개/ 알찌개
전골	국수전골/ 곱창전골/ 불낙전골/ 야채전골
찜	갈비찜/ 꼬리찜/ 계란찜/ 생선찜
조림	생선조림/ 두부조림/ 감자조림

신현숙 외 (2000: 129) 참조

? 한국에서 설날에 먹는 음식을 적어 보자.

? 한국에서 추석에 먹는 음식을 적어 보자.

14

한국어에서 집이나 건물을 지시하는 어휘장은?

◆ 사람이 생활하는 집이나 건물을 가리키는 일반적인 어휘로는 {가옥/ 저택/ 주택} 등이 있다. 그러나 집을 지은 양식, 집을 짓는 데 사용한 재료, 집의 용도, 집이 있는 장소 등에 따라서 다양한 명칭으로 집을 가리킬 수 있다. 따라서 이와 같은 명칭을 하나로 묶으면 집의 종류와 관련된 어휘장을 만들 수 있다.

집				
양식		재료	용도	장소
한옥	양옥			
궁	고층아파트	귀틀집	기숙사	산장
궁궐	다세대주택	기와집	고시원	시골집
귀틀집	단독주택	너와집	민박집	전원주택
기와집	맨션	목조주택	별장	농가
너와집	빌라	벽돌집	살림집	:
오두막	아파트	움집	오피스텔	
움집	연립주택	초가집	하숙집	
초가집	오피스텔	토담집	골프텔	
토담집	이동식주택	통나무집	펜션	
:	이층집	판잣집	:	
	조립주택	황토흙집		
	주상복합	:		
	:			

신현숙 외 (2000: 153) 참조

{집}을 바탕으로 우리는
어떤 어휘장을 구성할 수 있을까?

◆ 주생활을 표현하는 단어인 {집}과 함께 결합하는 단어는 사람과 관련지을 수도 있고 동물이나 무생물과 관련지을 수도 있다. 사람과 관련지을 수 있는 명사는 [모양], [재료], [위치], [구성원], [사건] 등을 나타낸다. 그리고 동물이나 무생물과 관련지을 수 있는 명사는 그것이 [인위적]으로 만든 것인가, 아니면 [자연적]으로 만들어진 것인가에 따라서 나눌 수 있다.

	[모양]	ㄱ자집/ 단층집/ 단칸집/ 이층집
	[재료]	기와집/ 벽돌집/ 천막집/ 판잣집
[사람]	[위치]	고향집/ 남향집/ 뒷집/ 앞집
	[구성원]	우리집/ 사돈집/ 시집/ 처갓집/ 친정집
집	[사건]	빵집/ 살림집/ 잔칫집/ 전셋집/ 꽃집
[동물]	[인위적]	개집/ 비둘기집/ 새집/ 토끼집
	[자연적]	개미집/ 거미집/ 제비집/ 까치집
[무생물]	[인위적]	안경집/ 칼집/ 수저집
	[자연적]	닭똥집/ 모래집/ 살집/ 물집

신현숙 (2004: 140)에서 인용

집의 내부구조를 지시하는 어휘장은 어떻게 구성할 수 있을까?

◆ 집의 내부구조는 {방}이나 {문}에 의해서 결정된다고 할 수 있다. 주택 평면도에서도 {방}이나 {문}의 위치와 크기를 중심으로 집의 내부구조를 나타낸다. 따라서 {방}이나 {문}의 명칭을 묶어도 한국인의 주생활을 드러내는 하나의 어휘장이 될 수 있다.

방			문
–방 房	–실 室	기타	
건넌방	거실	드레스룸	대문
공부방	다용도실	베란다	뒷문
다락방	보일러실	부엌	옆문
문간방	사무실	서재	정문
안방	욕실	식당	창
어린이방	응접실	창고	창문
온돌방	집무실	:	현관문
주방	침실		후문
:	화장실		:
	:		

신현숙 외 (2000: 142~143) 참조

◆ 한국어 사용자는 {방}을 주거공간뿐만 아니라 생활공간으로 인지한다. 따라서 상업적인 공간에도 {방}을 결합하여 친근한 느낌을 주려는 경향이 높다.

◎ 책방/ 놀이방/ 노래방/ 빨래방/ PC방/ 찜질방/ 멀티방

한국인의 언어생활을 표현하는 어휘장은 어떻게 구성할 수 있을까?

◆ 언어생활은 말하기, 듣기, 읽기, 쓰기 영역으로 이루어진다. 이 가운데 가장 다양한 어휘로 표현할 수 있는 영역은 말하기이다. 한국어에서 말하기와 관련지을 수 있는 동사는 [질문/ 대답/ 칭찬/ 비난/ 허락] 등과 같은 의사소통 기능을 기준으로 삼아 분류할 수 있다.

	질문	문의하다/ 묻다/ 질문하다/ 캐묻다
	대답	답변하다/ 답하다/ 대꾸하다/ 대답하다/ 응답하다
	칭찬	격려하다/ 자화자찬하다/ 찬양하다/ 치하하다/ 칭송하다/ 칭찬하다
	비난	꾸중하다/ 꾸짖다/ 나무라다/ 불평하다/ 비꼬다/ 비난하다/ 비방하다/ 욕하다/ 질책하다
	허락	수락하다/ 승인하다/ 허가하다/ 허락하다/ 허용하다
말하기	거절	거부하다/ 거절하다/ 사양하다/ 사절하다
	명령	명령하다/ 명하다/ 분부하다/ 시키다/ 신청하다/ 주문하다
	요청	간청하다/ 부탁하다/ 신청하다/ 요구하다/ 요청하다/ 청구하다/ 청하다
	약속	계약하다/ 공약하다/ 다짐하다/ 맹세하다/ 서약하다/ 선서하다/ 약속하다
	기원	기도하다/ 기원하다/ 빌다
	논의	논의하다/ 상의하다/ 심의하다/ 의논하다/ 제의하다/ 토론하다/ 토의하다
	논쟁	담판하다/ 따지다/ 말다툼하다/ 반박하다/ 언쟁하다/ 주장하다

신현숙 외 (2000: 225)에서 인용

직업 관련 어휘장은 어떻게 구성할 수 있을까?

◆ 직업의 종류는 여러 가지 하위 분야를 설정하여 분류할 수 있다. 곧 교육이나 연구를 주로 하는 직업, 믿음이나 종교와 관련되는 직업, 서비스를 주로 하는 직업 등의 하위 분야를 설정하고 각 하위 분야에 속하는 직업의 종류를 정리하는 것이다. 그러나 이 어휘장 또한 기준에 따라 그 영역이나 범위는 매우 다르게 구축할 수 있다.

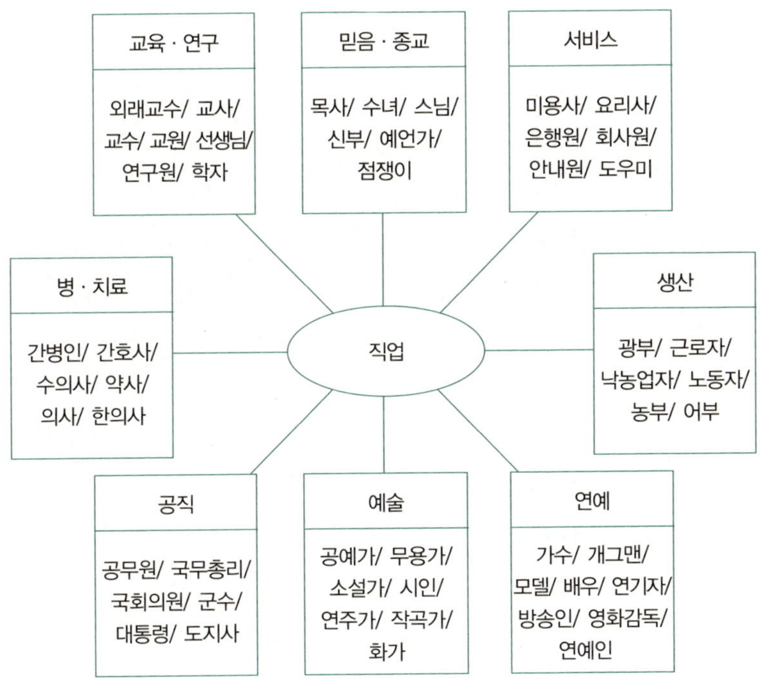

신현숙 외 (2000: 534) 참조

한국어로 표현되는 동물 소리 어휘장은
어떻게 구성할 수 있을까?

◆ 동물이 내는 소리를 흉내 내는 말은 의성어에 속한다. 한국어에서 동물 소리와 관련된 의성어는 동물의 명칭과도 밀접한 관련을 가진다. 예를 들어 {개굴개굴}이라는 소리를 내는 동물은 {개구리}라는 명칭과 연결되고, {뻐꾹뻐꾹}이라는 소리를 내는 동물은 {뻐꾸기}라는 명칭과 연결된다.

동물 명칭	내는 소리
갈매기/ 기러기	끼룩끼룩
개	멍멍
개구리	개굴개굴
고양이	야옹
까마귀	까악까악
꾀꼬리	꾀꼴꾀꼴
닭	꼬끼오/ 꼬꼬댁
돼지	꿀꿀
말	히힝
맹꽁이	맹꽁맹꽁
병아리	삐악삐악
부엉이	부엉부엉
비둘기	구구구
뻐꾸기	뻐꾹뻐꾹

사자/ 호랑이	어흥
소/ 염소	음매
오리/ 거위	꽥꽥
쥐	찍찍
참새	짹짹

신현숙 외 (2000: 609)에서 인용

◆ 언어마다 동물 소리는 서로 다르게 인지하고 표현한다. 이와 같이 동물이 내는 소리를 서로 다른 어휘로 표현하는 것은 언어의 자의성과 개별성을 보여주는 대표적인 예이다.

? 동물이 내는 소리를 다른 언어에서 조사해 보자.

영어

ㄱ. croak (개구리)

ㄴ. caw (까마귀)

ㄷ. meow/ mew (고양이)

ㄹ. grunt/ oink (돼지)

ㅁ. bow-wow (개)

ㅂ. moo (소)

ㅅ. cock-a-doodle-doo (닭)

ㅇ. cheep-cheep (병아리)

ㅈ. peep (쥐)

자연 현상과 관련지을 수 있는 어휘장은?

◆ 자연 현상으로는 {구름/ 안개/ 비/ 눈} 등을 들 수 있다. {구름}이나 {안개}의 자연 현상과 관련지을 수 있는 기본 어휘는 고유어인 {-구름}과 {-안개}의 형식으로 나타난다. 그러나 {비}나 {눈}의 자연 현상과 관련지을 수 있는 기본 어휘는 고유어뿐만 아니라 각각에 해당하는 한자어 {우 雨}와 {설 雪}이 결합한 언어 형식도 쓰인다.

자연현상			
구름	안개	비	눈
꽃구름	물안개	가랑비	만년설
나비구름	밤안개	꽃비	싸락눈
눈구름	새벽안개	단비	얼음눈
먹구름	구름안개	보슬비	진눈깨비
뭉게구름	산안개	산성비	첫눈
버섯구름	:	소나기	폭설
비구름		안개비	함박눈
새털구름		여우비	:
안개구름		이슬비	
양떼구름		장대비	
조각구름		폭우	
:		폭풍우	
		호우	
		황사비	
		우박	
		:	

신현숙 외 (2000: 586) 참조

교통수단을 지시하는 어휘장은
어떻게 구성할 수 있을까?

◆ 교통수단의 명칭도 하늘에서 이용하는 것, 물에서 이용하는 것, 땅에서 이용하는 것으로 구분하여 살펴볼 수 있다. 그런데 땅에서 이용하는 교통수단 가운데는 옛날에는 사용하였으나 현재는 사용하지 않는 것이 있다. 예를 들어 {가마}나 {수레}는 전통적인 교통수단으로 현대에는 사용하지 않고 있다.

교통 수단	하늘		경비행기/ 군용기/ 기구/ 비행기/ 수송기/ 여객기 우주선/ 전투기/ 제트기/ 항공기/ 헬리콥터
	물		거북선/ 경비선/ 고깃배/ 구명보트/ 나룻배 낚싯배/ 돛단배/ 뗏목/ 바지선/ 배/ 보트/ 선박 어선/ 여객선/ 연락선/ 요트/ 운반선/ 원양어선 유람선/ 유조선/ 잠수함/ 통통배/ 함정/ 항공모함
	땅	전통	가마/ 수레
		현대	견인차/ 경찰차/ 고속버스/ 관광버스 구급차/ 국민차/ 기관차/ 기차/ 마을버스 버스/ 소방차/ 승용차/시내버스/ 오토바이 우등고속버스/ 유조차/ 자가용/ 자동차 자전거/ 장갑차/ 장의차/ 전차/ 전철/ 지하철 좌석버스/ 지게차/ 직행버스/ 차/ 택시 통근버스/ 통학버스/ 트럭/ 화물열차/ 화물차

신현숙 외 (2001: 567)에서 인용

사물의 모양을 지시하는 어휘장은 어떻게 구성할 수 있을까?

◆ 사물의 모양을 가리키는 단어로는 정도를 표현하는 형용사 부류가 있다. 곧 큰 정도를 나타내는 형용사 {크다}와 작은 정도를 나타내는 형용사 {작다} 가 여기에 해당하는 것이다.

◆ 정도를 표현하는 어휘 항목은 대립 관계를 바탕으로 어휘장을 형성한다. 곧 크기를 나타내는 {크다}와 {작다}는 대립 관계에 있으며, 길이를 나타내는 {길 다}와 {짧다}도 대립 관계에 있다. 그런데 이에 속하는 형용사의 대립 관계는 {참}과 {거짓}의 대립 관계와는 다르다. {참}과 {거짓} 사이에는 중간 영역이 존재하지 않으나, 이에 속하는 어휘 사이에는 중간 영역이 존재한다. 예를 들 어 {크다}와 {작다} 사이에는 {크지도 않고 작지도 않다}라는 중간 영역이 존 재하는 것이다.

크기	—	크다 ↔ 작다
길이	—	길다 ↔ 짧다
굵기	—	굵다 ↔ 가늘다
깊이	—	깊다 ↔ 얕다
높이	—	높다 ↔ 낮다
두께	—	두껍다 ↔ 얇다
너비	—	넓다 ↔ 좁다
넓이	—	넓다 ↔ 좁다

신현숙 외 (2000: 634)에서 인용

한국어 특강 1 의미와 의미 분석

사람, 동물, 식물의 수량을 셀 때 쓰는 어휘장은 어떻게 구성할 수 있을까?

◆ 사람의 수량을 세는 단위는 대상이 되는 사람들을 어떻게 대하고자 하는가에 따라 서로 다른 어휘를 사용한다. 곧 높여야 하는 사람들을 셀 때는 {분}을 사용하고, 아주 낮추고 싶은 사람을 셀 때는 {놈}을 사용한다. 그러나 동물이나 식물의 수량을 셀 때는 주로 종류에 따라 서로 다른 어휘소를 선택한다. 예를 들어 꽃을 셀 때는 {송이}를 선택하고, 나무를 셀 때는 {그루}를 선택한다.

사람	높임	분	
	예사	명	
	낮춤	놈	
동물	말	필	마리
	생선	손(두 마리), 상자	
	조기	두름(스무 마리), 상자	
	오징어	축(열 마리), 상자	
	알	알, 꾸러미, 판, 팩	
식물	과일	개, 알, 상자	
	꽃	송이, 묶음	
	나무	그루	
	마늘	접(100통)	
	밤·쌀알	톨	
	포도	송이	
	풀·채소	뿌리, 포기, 다발, 단	

신현숙 외(2000: 457) 참조

사물의 수량을 셀 때 사용하는 어휘장은 어떻게 구성할 수 있을까?

◆ 사물의 수량을 세는 단위 가운데 가장 일반적인 표현은 {개}나 {쌍(두 개)}이다. 다른 수량 표현은 사물의 종류나 상태에 따라 선택하여 사용한다. 그리고 횟수를 나타내는 {번}이나 {회}도 사물의 수량을 세는 단위와 함께 묶을 수 있다.

사물	개수		개, 쌍 (두 개)
	건물		동, 채
	노래		곡
	담배		갑, 대
	돈		원, 닢, 푼
	두부 · 묵		모
	문학작품		편
	배		척
	식사		끼
	신발 · 양말 · 장갑		켤레
	실 · 끈		가닥, 올
	액체		방울, 병, 통
	연필		자루, 다스 (열두 자루)
	열차		량 (따로 떨어진 낱개)
	옷		벌, 가지
	옷감		마 (길이), 필 (묶음)
	종이		장, 묶음
	집		집, 채
	차량 · 악기 · 전자제품		대
	책		권, 질 (여러 권)
	편지		통
	한약		첩, 제
	횟수		번, 회
	사물의 상태에 따라	길고 가는 것	가지, 가락
		넓고 평평한 것	판
		조각 · 부분	토막, 도막, 점, 쪽, 짝

신현숙 외 (2000: 658) 참조

한국어에서 색과 빛을 지시하는 어휘장은 어떻게 구성할 수 있을까?

◆ 한국어 색채어 범주에서 색과 빛을 나타내는 어휘 가운데는 사물의 이름을 따서 만든 표현이 많다. 사물 이름을 따서 만든 색의 이름으로는 {고동색/ 국방색/ 금색/ 녹두색/ 똥색} 등이 있다. 그리고 사물 이름을 따서 만든 빛의 이름으로는 {감빛/ 구릿빛/ 금빛/ 눈빛/ 달빛} 등이 있다. 이와 같은 어휘도 색채어 범주에서 논의할 수 있다.

사물 이름을 따서 만든 색과 빛의 이름	
{-색}	{-빛}
고동색/ 국방색	감빛/ 구릿빛
금색/ 녹두색	금빛/ 눈빛
똥색/ 미색	달빛/ 대춧빛
밤색/ 병아리색	물빛/ 별빛
산호색/ 수박색	비췻빛/ 살굿빛
상아색/ 쑥색	우윳빛/ 은빛
옥색/ 와인색	장밋빛/ 잿빛
은색/ 재색	쪽빛/ 풀빛
쥐색/ 진달래색	핏빛/ 햇빛
풀색/ 하늘색	흙빛
황토색/ 회색	:
:	

신현숙 외 (2000: 438)을 참조

7장

의미와 문법

문법 표지도 의미가 있을까?

◆ 언어는 형식과 의미의 결합이므로 문법적인 관계를 나타내는 언어 형식도 의미를 지닐 것이다. 문법적인 관계를 나타내는 언어 형식으로는 **문법 형태소**(또는 **형식 형태소**)가 있다. 이 범주는 의미를 기준으로 형태소를 분류할 때 **어휘 형태소**(또는 **실질 형태소**)와 상대적인 범주로 묶이는 형태소이다. 한국어에서 대표적인 문법 형태소로는 조사와 어미를 들 수 있다.

◆ 학교 문법에서는 어휘 형태소와 문법 형태소를 구분하는 기준을 의미라고 하였다. 곧 **어휘적 의미** *lexical meaning* 를 지닌 것을 어휘 형태소라고 하고, **문법적 의미** *grammatical meaning* 를 지닌 것을 문법 형태소라고 분류한다. 이는 문법 형태소가 실제 세계의 구체적인 대상을 지시하지는 않지만 의미를 나타낼 수 있음을 뜻한다. 그러나 어휘적 의미와 문법적 의미를 구별하는 기준이 명확한가에 대한 질문이나 문법 형태소는 문법적 의미만을 지시하는가에 대한 문제 제기는 쉽게 해결할 수 없는 과제이다.

◆ 문법 형태소라고 하더라도 실제 의사소통 상황에서는 문법적인 관계뿐만 아니라 특정한 의미를 지시한다. 이를 통하여 문법 형태소가 문법적인 관계만을 나타내지 않는다는 사실을 확인할 수 있다.

ㄱ. 영이야! <u>저금통</u> 뜯니?

　　(저금통 뜯는 동작을 보면서 지나가는 소리로 한다.)

ㄴ. 영이야! <u>저금통을</u> 뜯니?

(다른 것이 아닌 그 중요한 저금통을 왜 뜯는지 궁금해 한다.)

⇒ 위에 제시한 자료는 목적격 조사 {을}이 특정한 의미를 지니는 것으로 보이는 것이다. {을}을 사용하지 않은 발화 (ㄱ)은 언어사용자가 그리 놀라지 않고 상황 자체만을 묻거나 확인하는 것이다. 그러나 {을}을 사용한 발화 (ㄴ)은 언어사용자의 생각에 들어 있지 않은 정보임을 강조하면서 새로 알게 된 상황임을 가리킨다. 곧 이와 같은 상황에서 {을}은 [주의 집중]이라는 특정한 의미를 지시한다.

[?] 다음 자료에서 인지할 수 있는 진리치, 사건, 용법, 의미가 같은지 아니면 어떤 차이가 있는지 생각해 보자.

ㄱ. 수미는 포도 사왔는데
ㄴ. 수미는 포도를 사왔는데

ㄱ. 주희야! 소금 줘
ㄴ. 주희야! 소금을 줘

ㄱ. 이 선생이 춤은 잘 춘다
ㄴ. 이 선생이 춤을 잘 춘다

 한국어 특강 1 의미와 의미 분석

시간 표현에 속하는 {-은}, {-던}, {-는}, {-을}은 어떤 의미 자질로 분석할 수 있을까?

◆ 언어사용자가 인지하는 영역에서 동사가 지시하는 움직임이나 상태가 있느냐 없느냐를 기준으로 삼는 [실현]의 의미 자질이 있다. 이에 따라 [+실현]인 {-은}, {-던}, {-는}과 [-실현]인 {-을}이 대립한다.

◆ 언어사용자가 동사를 인지하는 방법에 의해서 결정되는 [완성] 자질이 있다. 이 자질은 동사가 지시하는 움직임이나 상태를 처음부터 끝까지 본 것이냐 아니면 그 일부에만 초점을 맞추었느냐를 기준으로 삼는다. [+완성]에 해당하는 {-은}은 [-완성]에 해당하는 {-던}, {-는}이 대립한다.

◆ 언어사용자가 거리를 느끼는 영역에서, 동사가 지시하는 움직임이 일어난 것으로 인지하느냐 아니면 언어사용자가 접한 영역에서 동사가 지시하는 움직임이 일어난 것으로 인지하느냐를 기준으로 삼은 의미 자질 [거리]가 있다. 이에 따라 [+거리]를 드러내는 {-던}과 [-거리]를 드러내는 {-는}이 대립한다.

? 다음 자료의 차이를 생각해 보자.

ㄱ. 내가 먹은 사과/ 내가 본 영화

ㄴ. 내가 먹던 사과/ 내가 보던 책

ㄷ. 내가 먹는 사과/ 내가 보는 책

ㄹ. 내가 먹을 사과/ 내가 볼 책

◆ 의미 자질 [실현], [완성], [거리]를 바탕으로 {-은}, {-던}, {-는}, {-을}
의 의미와 대립 관계를 정리하면 다음과 같다.

범주	의미 자질			형식
시간 표현 관형형 어미	[+실현]	[+완성]		{-은}: 먹은
		[-완성]	[+거리]	{-던}: 먹던
			[-거리]	{-는}: 먹는
	[-실현]			{-을}: 먹을

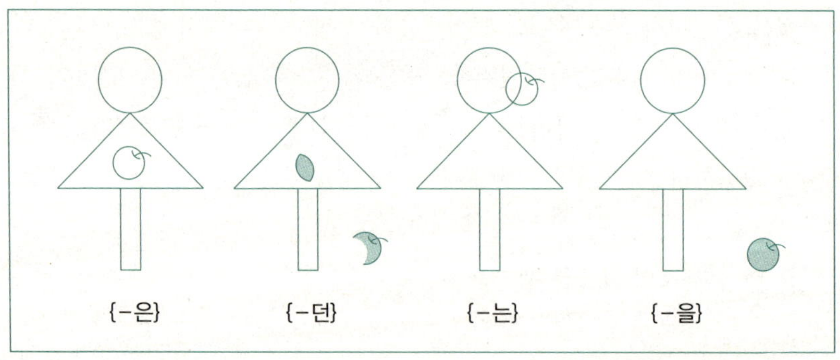

신현숙 (1998: 16)에서 인용

관형형 어미 {-은}의 의미를 분석하는 데 필요한 자질은 무엇인가?

◆ 관형형 어미 {-은}은 언어사용자가 설정한 영역에서 동사가 지시하는 움직임이 실현된 것을 나타내 주는 동시에, 동사가 지시하는 움직임이 완성된 것으로 인지하였음을 표현하기 위하여 선택된다. 그러나 이 두 가지 의미 자질에서 [+완성]은 [+실현]을 포함할 수 있으므로 [+완성]이 다른 관형형 어미와 변별시키는 데 더욱 적합한 의미라 할 수 있다. 곧 [+완성]이라는 의미 자질을 지니려면 [+실현]의 의미는 자연히 수반해야 하기 때문에 [+실현]은 [+완성]의 **잉여 자질**이라 할 수 있다.

◆ 어미 {-은}이 [+완성]의 의미를 지니며 이는 [+실현]의 의미를 포함하는 것이라는 사실은 자료를 통하여 더욱 구체적으로 살펴볼 수 있다.

ㄱ. 삼십 내외의 원피스를 <u>입은</u> 부인이 생긋이 웃으면서 머리를 숙였다.

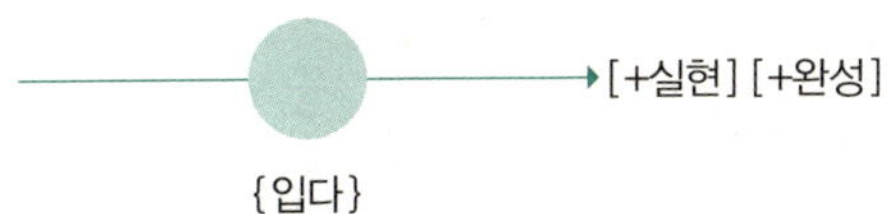

ㄴ. 오늘 <u>표창받은</u> 사람입니다.

⇒ (ㄱ)에서 {입다}가 지시하는 움직임은 완성된 것임을 알 수 있는데, 이는 {입다}에 해당하는 움직임이 있었음을 전제한다. 또한 (ㄴ)에서도 언어사용자는 {표창받다}가 지시하는 움직임 전체를 보고 [+완성]에 해당하는 {-은}을 사용하였는데, 이는 {표창받다}에 해당하는 움직임이 있었음, 곧 [+실현]을 전제로 하는 인지 방법이다.

? 다음 자료의 용법과 의미에 대하여 생각해 보자.

　　　ㄱ. 모자를 쓴 남학생

　　　ㄴ. 모자를 쓰는 남학생

　　　ㄷ. 모자를 쓰고 있는 남학생

　　　ㄹ. 모자를 쓰고 가는 남학생

　　　ㄱ. 진달래가 핀 우리 동네

　　　ㄴ. 진달래가 피는 우리 동네

　　　ㄷ. 진달래가 피고 있는 우리 동네

　　　ㄹ. 진달래가 피어 있는 우리 동네

　　　ㄱ. I am listening

　　　ㄴ. I was listening

　　　ㄷ. I will be listening

　　　　(Saeed, 1997: 117에서 인용)

관형형 어미 {-던}과 {-는}은 어떤 의미 자질로 분석할 수 있을까?

◆ 관형형 어미 {-던}과 {-는}은 [+실현]과 [−완성]의 의미 자질을 가지는 것으로 분석할 수 있다. [+실현]의 의미 자질은 {-은}과도 공통적으로 가지는 의미 자질이므로, [−완성]의 의미 자질이 {-은}과 변별시키는 중요한 자질이 된다.

ㄱ. 내가 <u>본</u> 책이다.

ㄴ. 내가 <u>보던</u> 책이다.

ㄷ. 내가 <u>보는</u> 책이다.

ㄱ'.

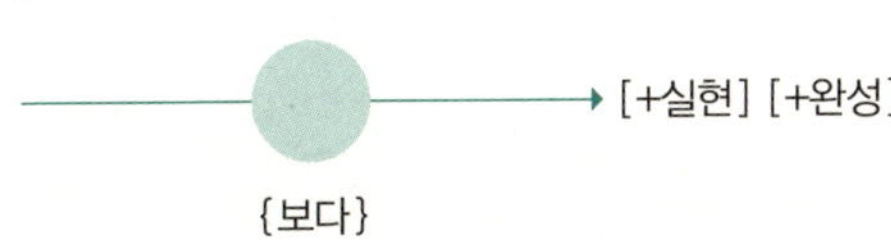

ㄴ'−ㄷ'.

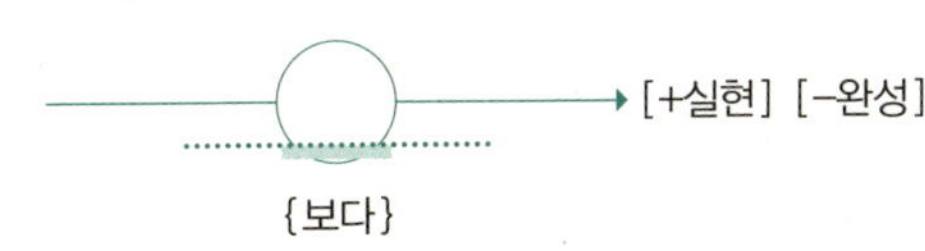

⇒ (ㄱ)은 (ㄱ')과 같이 {보다}가 지시하는 움직임의 전체에 초점을 맞추어서 본 것이고, (ㄴ−ㄷ)과 (ㄴ'−ㄷ')는 {보다}가 지시하는 움직임의 일부분에만 초점을 맞추고 있다. 따라서 (ㄱ)에서는 [+완성]을 인지할 수 있고, (ㄴ)에서는 [−완성]을 인지할 수 있다.

◆ 관형형 어미 {-던}과 {-는}을 변별시키고 의미를 기술하는 데 가장 적합

한 의미 자질은 [거리]이다. {-던}은 언어사용자가 설정한 기준 영역인 X영역과 떨어져 있는 Y영역에서 일어난 움직임이나 상태를 표현하기 때문에 [+거리]를 인지할 때 쓰는 형식이다. 그리고 {-는}은 언어사용자가 설정한 기준 영역인 X영역에서 일어난 움직임이나 상태를 표현하므로 [-거리]를 인지할 때 사용한다.

ㄴ".

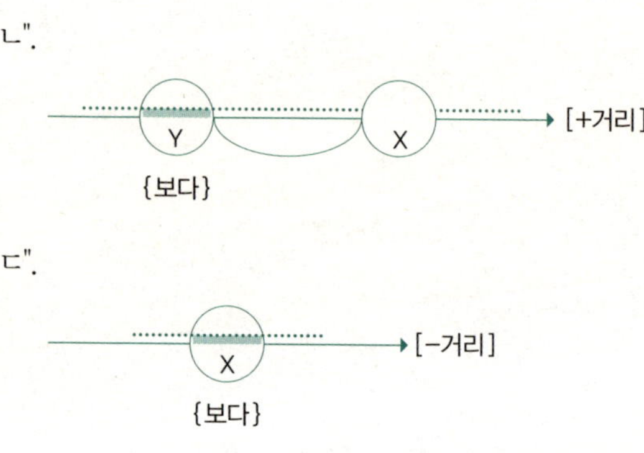

ㄷ".

? {-던}이 쓰인 자료를 생각해 보자.

ㄱ.

ㄴ.

ㄷ.

관형형 어미 {－을}은
어떤 의미 자질로 분석할 수 있을까?

◆ 관형형 어미 {－을}은 {－은}, {－던}, {－는}이 [+실현]의 의미 자질을 가지는 것과는 달리 [－실현]의 의미 자질을 가진다. 그러나 [－실현]은 동사가 지시하는 움직임이나 상태에 관한 언어사용자의 인지 방법이나 인지 태도에 의해서 결정되는 것이지 현실 세계에 의해서 결정되는 것은 아니다. 그리고 [－실현]은 움직임이나 상태를 볼 수 없음을 가리키는 것이므로, [완성]이나 [거리]의 의미 자질과는 관련성이 없다.

ㄱ. 내일은 삼십년 근속 표창식이 있<u>을</u> 것이었다.

ㄴ. 언제나 당신의 옆에 갈 수 있을까요.

⇒ (ㄱ)과 (ㄴ)에 따르면, {－을}은 언어사용자가 설정한 기준 영역인 X영역에서 실현되기를 바라는 움직임이나 상태가 실현되지 않은 경우에 사용된다. 이와 같이 실현되지 않은 움직임이나 상태에 대해서는 전체도 볼 수 없고 부분도 볼 수 없다. 또한 실현되기를 바라는 X영역과 실현되지 않은 Y영역과의 거리도 측정할 수 없다.

◆ 학자에 따라서는 {-을}의 의미를 [미래]나 [미확정]으로 제시하였는데, 이는 {-을}의 추상의미인 [-실현]이 문맥이나 인간의 추리 능력에 의해서 구체화된 것으로 설명할 수 있다.

? 다음 자료의 쓰임과 의미 차이를 생각해 보자.

    ㄱ. 내가 볼 책이다.
    ㄴ. 내가 보려고 한 책이다.

? 다음 자료의 쓰임과 의미 차이를 생각해 보자.

    ㄱ. 오늘은 내가 <u>가지</u>.
    ㄴ. 오늘은 내가 <u>가겠다</u>.
    ㄷ. 오늘은 내가 <u>갈거다</u>.
    ㄹ. 내일은 나도 <u>갔다</u>.
    ㅁ. 내일은 나도 <u>가주겠다</u>.
    ㅂ. 내일은 나도 <u>갈 수 있을 것 같다</u>.
    ㅅ. 저 일을 끝내려면 오늘 잠은 다 <u>잤다</u>.

의존명사 {척}과 {체}의 용법과 의미는
어떻게 설명할 수 있을까?

◆ 사전에서 의존명사 {척}과 {체}는 같은 의미를 지시하는 것으로 정의한다. 곧 {척}의 의미는 [그럴듯하게 꾸미는 거짓 태도나 모양]으로 정의하고, {체}의 의미는 따로 제시하지 않으며 {척}과 같은 것으로 정의한다. 실제로 대부분의 문맥에서 {척}과 {체}는 교체가 가능하다.

ㄱ. 못 이기는 척/ 체 자리에 앉았다.

ㄴ. 항상 아는 척을/ 체를 한다.

ㄷ. 잘난 척이/ 체가 심하다.

ㄹ. 죽은 척을/체를 하고 엎드려 있었다.

ㅁ. 그는 거기에 가는/ 간/ *갈 척을/ 체를 했다.

⇒ 의존명사 {척}과 {체}가 의미적으로 비슷하다는 사실은 자료 (ㄱ-ㄹ)에서와 같이 현재 시제 어미 {-는}이나 과거 시제 어미 {-은}과 결합이 가능함을 통해서도 알 수 있다. 또한 자료 (ㅁ)에서 볼 수 있는 바와 같이, {척}과 {체}는 미래 시제 어미 {-을}과는 결합이 가능하지 않다는 점에서도 공통점을 지니는 단어이다.

◆ {척}과 {체}의 의미 차이는 그럴듯하게 꾸미는 주체와 대상에서 드러난다. {척}은 꾸미는 주체와 대상이 같은 문맥이나 다른 문맥에 모두 사용할 수 있지만, {체}는 꾸미는 주체와 대상이 서로 다른 문맥에 쓰이면 자연스럽지 않다.

ㄱ. 그는 자신이 사장인 <u>척</u>/ 체 행동했다.

ㄴ. 그는 동생이 사장인 <u>척</u>/ *체 행동했다.

ㄷ. 그는 어머니가 계시는 <u>척</u>/ *체 행동했다.

⇒ 자료 (ㄱ)은 꾸미는 주체와 대상이 같으므로 {척}과 {체} 모두 사용이 가능하다. 그러나 자료 (ㄴ), (ㄷ)에서는 꾸미는 주체와 대상이 다르므로 {척}만 사용할 수 있다.

? 다음과 같은 자료가 자연스럽지 않은 이유를 생각해 보자. 자연스럽다면 그 상황을 생각해 보자.

ㄱ. [?]이 사장은 정말 <u>기쁘다</u>

ㄴ. [?]김 박사는 <u>시장하다</u>

ㄷ. [?]최 선생은 <u>슬프다</u>

ㄹ. [?]나는 어제 학교에 <u>있더라</u>

ㅁ. [?]내가 노래를 <u>부른 것 같더라</u>

07

언어는 언어사용자의 주관에 의해 생성되는가, 아니면 객관적인 표현인가?

◆ 언어 형식과 의미는 언어사용자에 의해서 생성되고 해석되므로 언어사용자의 주관과 밀접하게 관련된다.

> ㄱ. 우리 집 강아지가 다 <u>먹어 버렸다</u>.
> ㄴ. 우리 집 강아지가 다 <u>먹어 주었다</u>.
> ⇒ 우리는 언어사용자가 이와 같은 문장을 발화할 때 어떤 기대를 하고 있었는지 해석할 수 있다. 곧 (ㄱ)에서는 강아지가 다 먹지 않기를 기대하였음을 알 수 있고, (ㄴ)에서는 강아지가 다 먹기를 기대하였음을 알 수 있다.

◆ 언어사용자는 발화 속의 인물이나 사건에 대한 대우거리도 언어 형식을 통하여 드러낸다.

> ㄱ. 철이가 와라.
> ㄴ. 민철씨가 오면 좋겠습니다.
> ⇒ 언어사용자는 청자를 가깝게 인지할 때 (ㄱ)과 같이 발화하고, 거리감을 인지할 때 (ㄴ)과 같이 발화한다.

◆ 언어는 언어사회와도 밀접하게 관련되므로 보편적인 객관성도 가지고 있다. 따라서 언어사용자의 주관과 함께 언어사회를 이루는 객관성도 언어를 분석하는 데 고려해야 한다.

ㄱ. 저 건물은 도서관이다.

ㄴ. 3에다 2를 더하면 5이다.

⇒ 이와 같은 문장은 언어사용자의 심리 태도 곧 주관성이 덜 드러나는 객관적

인 표현이다.

? 하나의 사건이지만 언어사용자는 다양하게 표현할 수 있다. 각 표현에
서 우리는 어떤 의미 차이를 인지할 수 있을까? 또 어떤 상황을 인지할
수 있을까?

ㄱ. 정말로 우리는 그 사람을 만났다.

ㄴ. 사실상 우리는 그 사람을 만났다.

ㄷ. 안타깝게도, 우리는 그 사람을 만났다.

ㄹ. 불행하게도, 우리는 그 사람을 만났다.

ㅁ. 다행스럽게도, 우리는 그 사람을 만났다.

ㅂ. 설상가상으로, 우리는 그 사람을 만났다.

ㅅ. 아 참, 우리는 그 사람을 만났다.

ㅇ. 운좋게 우리는 그 사람을 만났다.

08

한국어 대우 표현을 [거리] 개념으로 설명한다면 어떤 결과가 나올까?

◆ 몸짓언어에서 드러나는 **공간거리**는 대우거리와 비례한다. 따라서 공간거리로 대우거리를 분석할 수 있고, 대우거리로 공간거리를 분석할 수 있다.

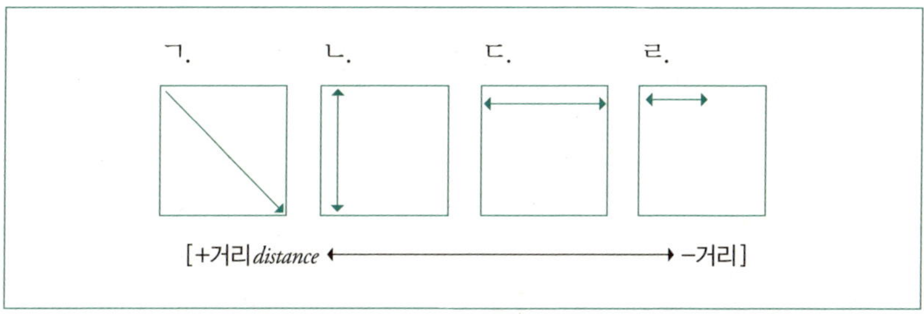

신현숙 (2001: 108)에서 인용

◆ **음성의 길이**와 발화 속도는 대우거리와 비례한다. 한국어 사용자는 공손하게 또는 거리감을 표현하고 싶은 상황에서는 천천히 발화하는 경향이 있다. 따라서 음성의 발화 길이와 속도를 분석하여 대우거리를 측정할 수 있다.

◆ **단어의 길이**도 대우거리와 비례한다. 따라서 형태소의 첨가나 단어의 합성으로 만들어지는 단어 길이를 대우거리와 관련지어 분석할 수 있다. 의미가 비슷한 유의어를 살펴보면, 언어 형식이 길어질수록 대우거리가 드러나는 표현이 된다. 예를 들면 다음과 같다.

ㄱ. 형−형님, 선생−선생님, 딸−따님, 아줌마−아주머니−아주머님

ㄴ. 이/가−께서−께옵서

◆ **발화의 길이**도 대우거리와 비례한다. 따라서 다양한 표현 방법으로 생성되는 다음과 같은 자료에서도 발화 길이가 긴 언어 형식이 대우를 하는 표현이 된다.

　ㄱ. 미안-미안해-미안해요-정말 미안합니다

　ㄴ. 나쁩니다-좋지 않습니다-좋지 않은 것 같습니다

　ㄷ. 못 가-못 가요-못 갑니다-못 갈 것 같습니다-가지 못 할 것 같습니다

◆ **문자언어**에서는 한자어가 고유어보다 대우거리를 드러낸다. 따라서 문자 기반이 다른 유의어도 대우거리와 관련지어 설명할 수 있다.

　ㄱ. 이-치아 齒牙, 나이-춘추 春秋, 술-약주 藥酒, 옷-의복 衣服

　ㄴ. 어머니-자당 慈堂, 아버지-춘부장 椿府丈

? 친한 친구를 부를 때 어떻게 부르는지 생각해 보자.

　ㄱ. 별명으로 부른다.　　　　　ㄴ. 이름을 줄여서 부른다.

　ㄷ. 이름을 부른다.　　　　　　ㄹ. 성과 이름을 다 부른다.

　ㅁ. 님이나 직함을 붙여서 부른다.　　ㅂ. 애칭으로 부른다.

? 어른이나 어렵게 느껴지는 사람과 이야기할 때 자신은 어떻게 하는지 생각해 보자.

09

한국어 대우 표현을 [유동성] 개념으로 설명한다면 어떤 결과가 나올까?

◆ [유동성 *mobility*] 개념은 대우거리와 반비례한다. 따라서 언어사용자가 대우거리를 느끼지 않을 때는 [유동성]이 있는 몸짓을 선택하고, 언어사용자가 대우거리를 인지할 때는 [유동성]이 없는 몸짓을 선택한다. 이와 같은 현상은 한국의 전통 사회에서 양반 계층이 정적인 생활을 하였던 것에서 그 동기를 찾을 수 있다.

◆ 언어사용자가 대우거리를 느끼지 않을 때 예를 들면 아랫사람이거나 친한 사람에게는 [유동성] 개념이 두드러지는 높은 음성/ 큰 음성/ 빠른 음성을 쓰는 경향이 있고, 언어사용자가 거리감을 느끼거나 대우거리를 두고 싶을 때 예컨대 윗사람이나 친하지 않은 사람에게는 [유동성] 개념이 잘 드러나지 않는 낮은 음성/ 작은 음성/ 느린 음성을 쓰는 경향이 있다.

◆ 언어사용자가 대우거리를 인지하지 않을 때는 [유동성] 개념이 두드러지는 어휘를 사용하고, 대우거리를 인지하면 [유동성] 개념이 두드러지지 않는 어휘를 사용한다. 따라서 다음과 같은 자료를 사용하면 예의가 없거나 버릇이 없는 것으로 평가된다.

ㄱ. 떠들어대다, 먹어대다, 웃어대다, 들락거리다

ㄴ. 발길질, 발버둥질, 숟가락질, 손가락질

ㄷ. 짓누르다, 짓뭉개다, 짓밟아버리다

◆ [유동성]은 직접 화법이나 현행시제*actual tense*, 동작성이 두드러지는 동작 동사*active verb*에서도 드러난다.

　ㄱ. 이 선생님께서 "어디 가니?"라고 하시던데…

　ㄴ. 놀고 있다, 웃는다, 젊어진다

　ㄷ. 거들먹거리다, 촐랑대다, 허둥지둥 뛰어가다

　⇒ 상대적으로 간접화법, 과거시제, 상태 동사는 [유동성]이 낮은 표현이다.

◆ 한국어 사용자는 한자를 한글보다 거리가 있는 대우 표현으로 인지한다. 이와 같은 현상은 한자를 중시한 한국역사 속에서 그 동기를 찾을 수 있다. 따라서 한국어에서는 한자보다 한글에서 [유동성] 개념이 두드러진다.

? 어떤 친구를 만났을 때 기분이 좋을까?

　ㄱ. 재미있게 이야기하는 친구

　ㄴ. 큰 소리로 이야기하는 친구

　ㄷ. 자기 이야기만 하는 친구

　ㄹ. 몸짓을 많이 사용하는 친구

　ㅁ. 다른 사람의 이야기를 많이 하는 친구

　ㅂ. 내 이야기를 잘 들어주는 친구

　ㅅ. 내가 이야기할 때 긍정적인 반응을 보여주는 친구

10

한국어 부정 표현의 의미는 어떻게 설명할 수 있을까?

◆ 한국어에서 대표적인 부정 표현으로는 단형 부정인 {안} 부정과 {못} 부정, 그리고 장형 부정인 {-지 않-} 부정과 {-지 못-} 부정을 들 수 있다.

◆ 부정 표현이 전하는 의미는 조금씩 다르게 나타난다. 따라서 언어사용자는 상황에 따라 적합한 부정 표현을 선택하여 사용한다.

   ㄱ. 지우는 그 문제를 풀었다.

      ㄱ-1. 지우는 그 문제를 안 풀었다/ 풀지 않았다.

      ㄱ-2. 지우는 그 문제를 못 풀었다/ 풀지 못했다.

   ㄴ. 희지는 예쁘다.

      ㄴ-1. 희지는 안 예쁘다/ 예쁘지 않다.

      ㄴ-2. *희지는 못 예쁘다/ *예쁘지 못하다.

   ㄷ. 우리는 행복하다.

      ㄷ-1. 우리는 행복하지 않다.

      ㄷ-2. 우리는 불행하지 않다.

      ㄷ-3. 우리는 불행하다.

◆ 우리는 다양한 방법으로 부정 표현을 생성한다.

ㄱ. 웃어야지

   ㄱ-1. 웃지 말아야지

   ㄱ-2. 웃지 마

   ㄱ-3. 웃지 않아야지

ㄴ. 나는 고전음악이 좋다

   ㄴ-1. 나는 고전음악이 싫다

   ㄴ-2. 나는 고전음악을 좋아하지 않는다

   ㄴ-3. 나는 고전음악을 좋아하지 못한다

ㄷ. 이 연필은 좋다

   ㄷ-1. 이 연필은 나쁘다

   ㄷ-2. 이 연필은 좋지 않다

   ㄷ-3. 이 연필은 좋지 못하다

◆ 부정 표현이 언제나 부정 의미를 지시하는 것은 아니다. 강한 긍정이나 강조 의미를 지시하기도 한다.

ㄱ. 우리 누나 노래 정말 잘하지 않니?

ㄴ. 너희 아버님 크시지 않니?

ㄷ. 이 그림 멋있지 않니?

ㄹ. 경자 언니 정말 예쁘지 않니?

8장

문장과 담화 분석

형식이 다른 문장도 같은 의미를 지시할 수 있을까?

◆ 문장도 어휘와 같이 형식은 다르지만 의미가 같은 경우가 있다. 예를 들면 문장에 사용된 단어와 구절의 의미가 같은 경우나 일상적 표현과 관용적 표현의 의미가 같은 경우가 있다. 이처럼 동일한 의미를 가지는 문장을 **동의문**이라 한다.

　ㄱ. 정수는 나의 <u>조카</u>이다. － 정수는 내 <u>동생 아들</u>이다.

　ㄴ. 진이는 남자친구를 고르는 <u>기준이 높다</u>. － 진이는 <u>눈이 높다</u>.

　⇒ 자료 (ㄱ)에서 {조카}와 {동생 아들}은 의미가 같다. 따라서 이 두 문장의 진리치는 같다. 그리고 (ㄴ)에서 {기준이 높다}와 {눈이 높다}는 유사한 의미를 지시한다.

◆ 일반적으로 형식이 다른 두 문장이 완전히 동일한 의미를 지니는 경우는 드물다. 구조의 차이가 의미의 차이를 반영하기 때문이다. 곧 문장의 **동의성**은 개념적 의미의 동질성이 전제된다. 한국어에서 구조에 차이가 있으나 개념적 의미는 같다고 볼 수 있는 문장으로는 장단형 사동문, 장단형 피동문, 장단형 부정문, 능동문과 피동문, 그리고 어순이 교체된 문장 등이 있다.

　ㄱ. 어머니가 아이에게 옷을 <u>입혔다</u>. － 어머니가 아이에게 옷을 <u>입게 했다</u>.

　ㄴ. 오늘은 책이 잘 <u>읽힌다</u>. － 오늘은 책이 잘 <u>읽어진다</u>.

　ㄷ. 학생이 <u>안 왔다</u>. － 학생이 <u>오지 않았다</u>.

　ㄹ. <u>사냥꾼이 꿩을 쫓는다</u>. － <u>꿩이 사냥꾼에게 쫓긴다</u>.

ㅁ. 세월이 <u>느리고도 빠르다</u>. – 세월이 <u>빠르고도 느리다</u>.

⇒ 자료 (ㄱ)은 장단형 사동문의 예로서, 단형 사동은 직접적인 의미를 지시하고 장형 사동은 간접적인 의미를 지시하는 경향이 있다. 자료 (ㄴ)은 장단형 피동문의 예이고, 자료 (ㄷ)은 장단형 부정문의 예이다. 자료 (ㄹ)은 능동문과 피동문의 동의성을 보여주는 예이다. 능동문과 피동문은 서로 의미는 같으나 화자가 행위의 주체와 대상 가운데 어디에 초점을 두는가에 따라 달리 선택되는 문장들이다. (ㅁ)은 어순이 교체된 문장의 예이다. 두 문장은 서로 의미는 같으나 무엇을 강조하는가에 있어서는 차이가 있다. 곧 {느리고도 빠르다}는 {빠르다}를 강조하는 문장이고, {빠르고도 느리다}는 {느리다}를 강조하는 문장이다.

? 다음 자료에서 인지할 수 있는 진리치, 사건, 용법, 의미가 같은지 아니면 어떤 차이가 있는지 생각해 보자.

ㄱ. 영준이는 웃기는 사람이다　　　　ㄴ. 영준이는 웃게 만드는 사람이다

ㄱ. 김 선생님께서 우리를 가르치셨다　　ㄴ. 우리가 김 선생님한테 배웠다

ㄱ. 오늘은 언니한테 칭찬을 받았다　　ㄴ. 오늘은 언니가 칭찬을 하였다

02

문장 구조에 의한 중의성은 언제 발생하며 어떻게 해소할 수 있을까?

◆ 문장의 구조에 의한 **중의성**은 주어부의 범위에 따른 중의성, 목적어의 범위에 따른 중의성, 수식어의 범위에 따른 중의성, 부정의 범위에 따른 중의성, {-고 있다} 구문의 중의성 등에서 찾을 수 있다.

ㄱ. 희지가 보고 싶은 친구가 많다.

⇒ 희지가 보고 싶어 하는 친구가 많다.

⇒ 희지를 보고 싶어 하는 친구가 많다.

ㄴ. 철이는 친구와 형을 만났다.

⇒ 철이는 친구와 함께 형을 만났다.

⇒ 철이는 친구도 만나고 형도 만났다.

ㄷ. 아름다운 오월의 신부

⇒ 아름다운 오월

⇒ 아름다운 신부

ㄹ. 친구들이 다 오지 않았다.

⇒ 아직 안 온 친구도 있다. (부분 부정)

⇒ 친구들이 하나도 안 왔다. (전체 부정)

ㅁ. 민이는 구두를 신고 있다.

⇒ 민이는 신발을 신었다. (상태의 지속)

⇒ 민이는 신발을 신는 중이다. (동작의 진행)

◆ 중의성을 피하기 위하여 어순을 교체하거나 표현을 바꾸기도 한다.

  ㄱ. 아름다운 엄마의 미소 → 엄마의 아름다운 미소

  ㄴ. 내 책 → 내가 가지고 있는 책/ 내가 쓴 책/ 내가 만든 책/ 나에 대하여 쓴 책

  ㄷ. 나를 사랑하는 친구의 여동생을 만났다.

    → 나를 사랑하는 친구가 있는데 그 친구 여동생을 만났다.

  ㄹ. 철수는 입던 옷을 영호에게 주었다.

    → 철수는 자기가 입지 않는 헌 옷을 영호에게 주었다.

? 문장의 중의성이 의사소통과 어떤 관계가 있는지 생각해 보자.

    진수: 4월에 수진이랑 영호랑 결혼한대.

    선희: 수진이랑 영호가? 둘이 언제부터 사귀었니?

    진수: 무슨 소리야?

    선희: 수진이랑 영호가 결혼한다면서?

    진수: 수진이는 4월 초에, 영호는 4월 말에 결혼한다고.

    선희: 아~. 나는 둘이서 결혼한다는 줄 알았지.

    한국어 특강 1 의미와 의미 분석

문장의 의미 정보를 인지할 수 있는 전제는
어떻게 설명할 수 있을까?

◆ 문장의 정보가 참이 되기 위해서는 반드시 필요한 조건이 있는데, 이것이 문장의 **전제***presupposition*가 된다. 따라서 주된 명제를 전달하는 문장이 부정되어도 전제는 그대로 보존된다. 반면에 전제가 부정되면 의미적으로 모순이 일어나게 된다.

> ㄱ. 명제: 그녀는 작년에 만난 남자와 결혼한다.
>
>   전제: 그녀는 작년에 남자를 만났다.
>
> ㄴ. 명제의 부정: 그녀는 작년에 만난 남자와 결혼하지 않는다.
>
>   전제: 그녀는 작년에 남자를 만났다.
>
> ㄷ. 전제의 부정: 그녀는 작년에 남자를 만나지 않았다.
>
>   명제의 모순: ?그녀는 작년에 만난 남자와 결혼하는데, 실제로 그녀는 작년에
>
>   남자를 만나지 않았다.

◆ 문장의 진위와 관련되는 전제는 **의미론적 전제***semantic presupposition* 또는 **논리적 전제***logical presupposition*라고 하는데, 이는 화용의미론에서 다루는 **화용론적 전제***pragmatic presupposition*와는 구별된다.

◆ 의미론적 전제는 명확하고 일원적이지만 화용론적 전제는 명확하지 않고 다원적이다. 그리고 실제 의사소통 상황에서는 의미론적 전제보다는 화용론적 전제를 바탕으로 의사소통이 이루어지는 것이 일반적이다.

명제: 그는 대기업에 입사한 것을 후회했다.

의미론적 전제: 그는 대기업에 입사했다.

화용론적 전제: 그가 입사한 대기업 근무가 힘들었다.

그가 입사한 대기업 근무 환경이 그와 잘 맞지 않았다.

그가 입사한 대기업이 기대만큼 좋지는 않았다.

그가 중소기업에 입사한 친구보다 월급이 적었다.

그가 대기업에 입사하고 불행해졌다.

? 다음과 같은 명제의 전제를 생각해 보자.

ㄱ. 이제는 고향으로 돌아가고 싶다.

ㄴ. 신 박사는 요리의 대가이다.

ㄷ. 최 선생 아들은 대학생이다.

ㄹ. 이 선생 부인은 태국 사람이다.

ㅁ. 합격통지서를 받았다.

ㅂ. 우리는 내일 개학을 한다.

ㅅ. 저녁 먹은 것을 후회하고 있다.

문장의 의미 정보를 인지할 수 있는 함의는 어떻게 설명할 수 있을까?

◆ **함의***entailment*는 전제와 함께 문장의 부수적인 정보인데, 조건이 되는 전제와는 달리 그 문장이 참이면 반드시 참이 되는 결과에 해당한다. 따라서 주된 명제를 전달하는 문장이 부정되면 함의의 의미도 보존되지 못한다. 그리고 함의가 부정되면 주된 명제를 전달하는 문장의 의미도 보존되지 못한다.

> ㄱ. 명제: 순화가 유리창을 깼다.
>
>   함의: 유리창이 깨졌다.
>
> ㄴ. 명제의 부정: 순화가 유리창을 깨지 않았다.
>
>   함의: 유리창이 깨졌을 수도 있고 깨지지 않았을 수도 있다.
>
>   (순화가 유리창을 깨지 않았어도 다른 누군가에 의해서 유리창은 깨졌
>
>   을 수 있다.)
>
> ㄷ. 함의의 부정: 유리창이 깨지지 않았다.
>
>   명제 의미변화: 순화가 유리창을 깨지 않았다.

◆ 함의와 전제의 가장 큰 차이는 다음과 같다: 전제는 주된 명제를 전달하는 문장이 부정되었을 때도 그 의미가 보존되지만, 함의는 주명제가 부정되었을 때 그 의미가 보존되지 못한다는 것이다.

> ㄱ. 명제: 순화가 아바타를 잡았다.
>
>   전제: 아바타가 있다.
>
>   함의: 아바타는 잡혔다.

ㄴ. 명제의 부정: 순화가 아바타를 잡지 않았다.

전제: 아바타가 있다.

함의: 아바타는 잡혔을 수도 있고 잡히지 않았을 수도 있다.

(순화가 아바타를 잡지 않았어도 다른 누군가에 의해서 아바타는 잡혔

을 수 있다.)

? 다음과 같은 자료에서 우리는 어떤 함의를 인지할 수 있을까?

ㄱ. 영민이도 제대한지 한 달이 넘었어.

ㄴ. 저 친구 지갑을 떨어 뜨렸네.

ㄷ. 영수는 외아들이다.

ㄹ. 철이는 채식주의자이다.

ㅁ. 희수는 무남독녀이다.

ㅂ. 영이는 여학생이다.

ㅅ. 윤 선생은 퇴원을 하였다.

05

발화 의미와 문장 의미 해석은 어떤 차이가 있을까?

◆ **발화***utterance*란 문장이 실제적이고 구체적인 의사소통 상황에서 실현된 것이다. 곧 문장이 하나의 완전한 의미를 지니고 있는 단위라면, 발화는 의사소통 상황에 따라 다양한 의미를 지니게 되는 것으로 파악할 수 있다. 또한 발화는 의사소통 상황에 따라 문장이 아니라 단어나 구절로 표현된 것까지 포함한다. 이러한 발화의 의미를 해석하기 위해서는 화자와 청자, 그리고 발화가 이루어진 시간과 장소 등과 같은 **상황적 요소**가 고려되어야 한다.

ㄱ. 사장님이 바쁘십니다.

⇒ (ㄱ)이 문장이라면 [사장이 바쁘다]라는 의미로 해석할 수 있을 것이다. 그러나 사장을 찾는 전화를 받은 비서가 (ㄱ)과 같은 발화를 한다면, 이는 [전화를 바꿀 수 없다]는 의미로 해석할 수 있다. 또한 회의에서 직원이 (ㄱ)과 같은 발화를 한다면, [사장이 바빠서 나오지 못했음에 대해 양해를 구한다]는 의미로 해석할 수도 있다.

ㄴ. 아니 물.

⇒ 자료 (ㄴ)은 문장이 아닌 언어 단위가 발화로 실현됨을 보인 것이다. 이 발화의 의미를 해석하기 위해서는 화자와 청자가 어떤 상황에 있는지 알아야 한다. 만약 컵에 담겨 있는 것이 술인지를 묻는 상황에서 (ㄴ)과 같은 발화를 한다면, 이것은 [컵에 담겨 있는 액체가 물]이라는 의미가 된다. 그러나 커피를 마실 것인지를 묻는 상황에서 (ㄴ)과 같은 발화를 한다면, 이것은 [물을 마시겠다]는 의미가 된다. 이와 같이 발화는 상황에 따라 다양하게 해석된다.

◆ 의미가 하나로 고정되어 있지 않고 의사소통 상황에 따라 달라진다는 것을 가장 잘 보여주는 요소로 **지시어**_deixis_를 들 수 있다. 지시어는 상황을 고려해야만 정확한 의미 해석이 가능하기 때문이다.

> ㄱ. <u>지금</u> <u>이곳</u>에는 눈이 온다.
>
> ㄴ. <u>그</u>는 영국에 유학을 갔다.
>
> ⇒ 자료 (ㄱ)에 쓰인 지시어는 {지금}과 {이곳}이다. 우리는 (ㄱ)과 같은 발화를 하는 화자가 있는 실제 시간과 장소를 알아야만 정확한 의미를 알 수 있다. (ㄴ)에서도 지시어 {그}가 쓰였는데, 실제로 영국에 유학을 간 {그}가 누구인지 알아야 의미를 정확하게 인지할 수 있다.

상황이 없으면 이해할 수 없는 자료		
화자	공간	시간
I am	here	now
나 현이 준수 Susan :	여기 서울 미국 Seattle :	지금 2012 2000 1995 :

　　　　한국어 특강 1 의미와 의미 분석

화행 이론에서는
어디에 초점을 두고 의미 해석을 할까?

◆ **화행 이론** *speech act theory*은 오스틴 *J. L. Austin*이 언어 사용의 다양성을 보여주고자 했던 것에서 시작하여 써얼 *J. R. Searle*에 의하여 완성된 이론이다. 화행 이론에서는 우리가 언어를 사용하는 것은 언어를 통하여 어떤 행위를 하기 위한 것이라고 주장하면서, 발화 행위를 크게 언표적 행위 *locutionary act*, 언표내적 행위 *illocutionary act*, 언향적 행위 *perlocutionary act*로 나누었다.

◎ **언표적 행위**: 화자가 자신이 가지고 있는 생각과 감정을 그대로 언어로 표현하는 것이다. 화자가 발화한 문장이 이와 같은 언표적 행위를 수행할 때, 청자는 화자가 발화한 문장만을 가지고 의미를 해석하고 진위를 판단할 수 있다. 예를 들어 {오늘은 날씨가 참 좋다}라는 발화는 화자가 자신이 가지고 있는 감정을 그대로 표현한 것으로서, 실제로 날씨가 좋은 상황에서 발화한 경우에 언표적 행위를 수행한 것으로 볼 수 있다.

◎ **언표내적 행위**: 화자가 다른 사람을 칭찬하거나 비판하거나 동의하거나 약속하기 위하여 발화하는 경우를 말한다. 화자의 발화가 곧 어떤 행위가 되는 것으로서, 이와 같은 경우에는 진위를 판단하기보다는 발화의 적절성을 판단해야 하며 그 적절성을 판단할 수 있는 조건을 제시해야 한다. 예를 들어 {사람은 약속을 지켜야 한다}라는 발화는 실제로는 누군가를 비판하기 위한 발화 행위가 될 수 있다.

◎ **언향적 행위**: 화자가 발화한 문장이 청자에게 어떤 행위를 하도록 만드는 경우를 말한다. 곧 화자의 발화가 청자에게 위협이 된다든가 격려가 되어서 결

과적으로 어떤 행위를 하도록 유도하는 발화 행위이다. 예를 들어 {며칠 안으로 주식이 떨어진다}라는 발화는 주식을 빨리 팔도록 유도하기 위한 발화 행위이다.

◆ 언표내적 행위는 화자의 의도적 의미를 전달하게 되는데, 언표내적 행위에 의해 표현되는 **의도적 의미를 언표내적인 힘** *illocutionary force* 이라고 한다. 이러한 화자의 의도적 의미, 곧 언표내적인 힘이 화행 이론에서 핵심적인 연구 대상이 된다. 곧 화행 이론에서 발화 의미 해석을 하는 데 가장 초점을 맞추는 요소는 화자의 의도가 된다.

◆ 언어사용자는 하나의 문장에 반드시 하나의 의도만을 담는 것은 아니다. 따라서 하나의 문장은 두 가지 이상의 언표내적인 힘을 가질 수 있다 (김영란. 2000 ㄴ: 38 참조).

A: 당신은…… 나 없이도 괜찮지? [질문+확인]
B: (보면)
A: 잔소리도 안하고 좋지, 뭐.

(TV드라마 〈세상에서 가장 아름다운 이별〉에서)

⇒ 드라마에서 여성 화자가 발화한 "당신은…… 나 없이도 괜찮지?"라는 의문문은 [질문]의 언표내적인 힘과 동시에 '당신도 내가 없으면 괜찮지 않을 것이다'라는 화자의 생각을 [확인]하는 언표내적인 힘을 가진다.

07

언어사용자의 의도적 의미는
어떻게 설명할 수 있을까?

◆ 우리가 사용하는 문장의 구조는 서술문, 의문문, 명령문, 청유문 등으로 구분되는데, 발화를 하는 화자의 의도적 의미는 이보다 훨씬 다양한 유형으로 구분할 수 있다. 실제 의사소통 상황에서 화자의 의도적 의미는 발화의 **의사소통 기능**으로 나타난다. 그리고 의사소통 기능도 화자의 의도적 의미와 같이 다양한 유형으로 나누어진다. 따라서 화자가 발화한 문장의 구조와 화자의 의도적 의미, 곧 의사소통 기능 사이에서 체계적인 대응 관계를 찾기는 쉽지 않다.

◆ 화자가 하나의 문장을 그 문장이 지니는 언어 형식 그대로의 의미를 표현하기 위하여 발화하는 경우에, 이러한 발화를 **직접 화행** *direct speech act* 이라고 한다. 그리고 화자가 문장이 지니는 언어 형식 그대로의 의미가 아닌 자신의 의도를 표현하기 위하여 발화하는 경우에, 이러한 발화는 **간접 화행** *indirect speech act* 이라고 한다. 실제 의사소통 상황에서 우리는 상대방의 발화를 구성하고 있는 문장이 가지고 있는 언어 형식 그대로의 의미뿐만 아니라, 상대방의 의도적 의미까지도 이해하고 반응을 보일 수 있다. 따라서 이러한 언어의 사용과 이해의 과정을 밝히는 것은 의사소통, 특히 언어의 기능 연구에 반드시 필요하다.

◎ **직접 화행**: 화자가 발화한 문장이 지니는 언어형식 그대로의 의미와 언표내적인 힘이 일치하는 경우는 직접 화행에 해당한다. 예를 들어 화자가 {지금 몇 시입니까?}라는 문장을 언어 형식 그대로 의문을 표현하기 위하여 사용한

다면 이는 직접 화행이라고 할 수 있다.

◎ **간접 화행**: 화자가 발화한 문장이 지니는 언어 형식의 의미와 언표내적인 힘
이 일치하지 않는 경우는 간접 화행에 해당한다. 예를 들어 화자가 {지금 몇
시입니까?}라는 문장을 비판이나 충고 행위에 사용한다면 이는 간접 화행이
라고 할 수 있다.

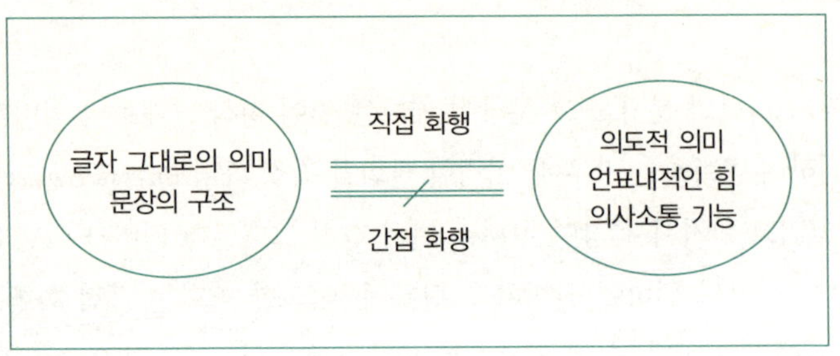

◆ 지금까지 의문문은 다양한 간접 화행을 지니는 것으로 논의되었다. 예를 들
어 의문사 {왜}가 쓰인 의문문은 다양한 언표내적인 힘을 가진다. 따라서 {왜}
가 쓰인 문장은 상황에 따라 다양한 간접 화행을 실현시킨다 (김영란. 2000
ㄱ: 8~20 참조).

ㄱ. 왜 내 아내는 돈을 받아야 되나? [질문]
ㄴ. "이놈, 오라질 놈, 왜 술을 붓지 않아."라고 야단을 쳤다. [명령]

ㄷ. "경제의 자립도 못하는 내가 왜 장가를 들었누?"

　　이것이 부모의 한 일이었지만 나는 이렇게도 탄식하였다. [한탄]

ㄹ. "아까 아트지 나르다 인쇄기에 다리를 긁혔단 말이에요. 이러단 몸매 다 망

　　치겠어. 종이 나르라질 않나. 엎드려 기름 닦으라질 않나."

　　"그게 왜 몸을 망쳐? 운동되고 좋지." [부정/ 반어적 진술]

⇒ 자료 (ㄱ)에서 {왜}가 쓰인 의문문은 직접 화행인 [질문]을 실현시킨 문장이

　　다. 반면에 자료 (ㄴ-ㄹ)에서 {왜}가 쓰인 의문문은 화자의 다른 의도를 포함

　　하고 있다. 곧 [명령], [한탄], [부정]과 같은 간접 화행을 실현시킨다.

? 다른 사람에게 부탁을 할 때 어떻게 표현하는지 생각해 보자.

? 자신은 기분이 좋을 때 어떻게 표현하는지 생각해 보자.

08

문학작품에 쓰인 시간 표현에서 우리는 어떤 특징을 인지할 수 있을까?

◆ 문학작품 속에서 작가가 시간을 설정할 때, 처음에는 막연하면서도 한계가 지어지지 않는 *boundless* 언어 형식을 선택한다. 그리고 다음으로는 구체적이면서도 한계가 지어진 *bounded* 언어 형식을 선택하는 경향이 있다. 이것은 작가가 독자를 직접 구체적인 시간대에 끌어들이기보다는 단계적으로 독자를 작품 속으로 끌어들이고 있음을 뜻한다. 또한 작품과 밀접한 시간이 있고 밀접하지 않은 시간이 있음을 뜻한다.

> ㄱ. <u>밤들면서부터</u> 눈이 내리기 시작했다.
>
>   (1단락: 주인공이 있는 시간)
>
> ㄴ. <u>이날 밤도</u> 나는 아랫동네 육손이 할아버지네 일간에 가 있었다.
>
>   (2단락: 주인공이 있는 시간)

(황순원 「눈」에서)

⇒ (ㄱ)은 1 단락에서 나타나는 시간 표현을 예로 든 것이다. 여기에서는 {밤}이 제시되는데, 이는 막연한 시간이라고 할 수 있다. (ㄴ)에서는 2 단락에서 나타나는 시간 표현을 예로 들었다. 여기에 쓰인 {이날 밤}은 {밤}보다 구체화된 시간이다. 따라서 작품에서 설정한 시간 가운데 {밤}은 배경 시간이고, {이날 밤}은 전경 시간이라고 할 수 있다.

◆ **배경** *background* 이란 담화 분석에서 쓰이던 개념으로 주로 덜 중요한 사건이나 초점이 덜 놓이는 내용을 지시한다. 반면에 **전경** *foreground* 은 중요한 사건이나 초점이 놓이는 내용을 지시하는 개념이다. 담화에서는 배경이

설정되어야 전경을 도입할 수 있는데, 배경과 전경은 문학작품에서 나타나는 시간, 공간, 인물, 주제 등과 관련되는 언어 형식의 의미 분석에도 적용할 수 있다.

ㄱ. <u>겨울에는</u> 집집마다 뒷간까지 밧줄을 매 두고 눈이 쏟아져 쌓이게 되면…

　　(7단락: 이야기 속의 시간)

ㄴ. <u>한번은</u> 어떤 외따른 산골 집에서 양식이 떨어져 남편되는 사람이 식량을 구하러 타지로 간 사이에 큰 눈이 내리기 시작했다.

　　(8단락: 이야기 속의 시간)

ㄷ. <u>그날 저녁</u> 그 곳을 지나던 나그네 하나가 눈에 막혀 그 집에 들게 되었다.

　　(8단락: 이야기 속의 시간)

(황순원 「눈」에서)

⇒ (ㄱ-ㄷ)은 황순원의 「눈」에서 주인공들이 들은 이야기 속의 시간이다. 여기에서도 {겨울}, {겨울 중에서 어떤 겨울}, {어떤 겨울 저녁}으로 시간 폭이 좁아진다. 곧 배경 시간에서 전경 시간으로 전환되고 있다.

◆ 우리는 말이나 글을 시작할 때 청자나 독자의 이해를 돕기 위하여 배경을 먼저 설정한다. 배경과 전경의 관계는 다음과 같이 그릴 수 있다.

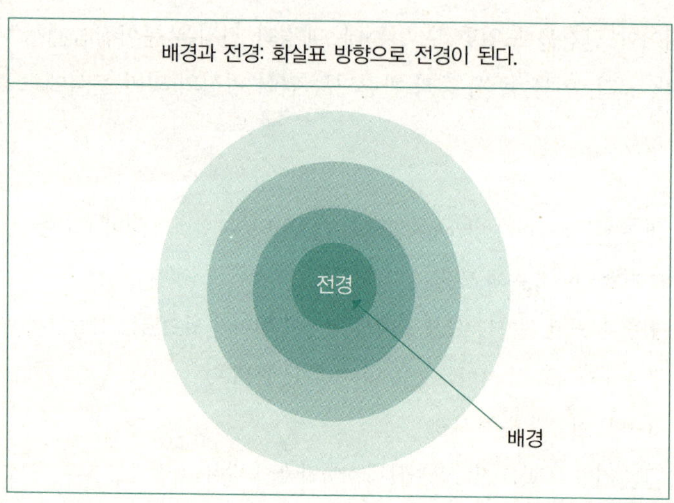

신현숙 (1998: 243) 참조

? 다음 자료에서 전경과 배경을 찾아 보자.

ㄱ. 내가 어렸을 때는 냉장고도 없었다.

ㄴ. 눈이 오는데 어디 가세요?

ㄷ. 해가 뜰 때 지영이가 왔다.

ㄹ. 하와이에 가면 그림을 그린다.

ㅁ. 우리 고향에는 노루가 많다.

09

문학작품에 쓰인 인물에서
우리는 어떤 특징을 인지할 수 있을까?

◆ 문학작품에는 작품의 구성과 전개에 있어서 반드시 필요한 인물도 있고, 작품의 구성과 전개를 위한 배경적인 인물도 있다. 곧 문학작품의 인물 설정에 있어서도 전경으로 설정한 주인공이 있고 배경으로 설정한 인물이 있다. 전경으로 설정한 인물은 구체적이면서도 특정한 인물을 지시하는 언어 형식으로 나타난다. 그리고 배경으로 설정한 인물은 추상적이면서도 막연한 인물을 지시하는 언어 형식으로 나타난다. 이것은 전경이 되는 인물에 대해서는 특정칭이나 고유칭과 같은 구체적인 표현을 선택하고, 배경이 되는 인물에 대해서는 부정칭이나 일반칭과 같은 추상적인 표현을 선택하고 있음을 뜻한다.

ㄱ. 툇돌에 올라서며 신발을 털고 어깨를 털고 들어서는 <u>마을군</u>의 등뒤에 함박눈이 펑펑 쏟아져 내린다. (1단락: 주인공과 함께 설정된 인물)

ㄴ. 이날 밤도 <u>나</u>는 아랫동네 육손이 할아버지네 일간에 가 있었다.
(2단락: 주인공)

ㄷ. 여기 모이는 <u>전부 내 어려서부터 익히 아는 사람</u>들이었다.
(3단락: 주인공과 함께 설정된 인물)

ㄹ. 단지 얼마 전에 함경도 어디선가 이사해왔다는 <u>삼봉이 아버지</u>란 사람을 제외하고는. (3단락: 주인공과 함께 설정된 인물)

ㅁ. <u>누가</u> 문을 열었다 닫으면서 벌써 한 자는 실이 왔겠다는 말을 한다.
(6단락: 주인공과 함께 설정된 인물)

ㅂ. <u>누군가가</u> 삼봉이 아버지더러, 참 그 쪽에는 눈이 와두 굉장히 온대디요? 하

고 묻는다. (6단락: 주인공과 함께 설정된 인물)

ㅅ. <u>삼봉이 아버지</u>는 그렇다고 하면서 함경도 사투리가 섞인 말투로 이야기를 꺼냈다. (6단락: 주인공과 함께 설정된 인물)

ㅇ. <u>일간에 모인 사람들</u>은 잠시 말을 끊고 묵묵히 앉아 있었다.
(11단락: 주인공과 함께 설정된 인물)

(황순원 「눈」에서)

⇒ (ㄱ-ㅇ)에서 구체적이면서도 특정한 인물을 지시하는 {나}와 {삼봉이 아버지}는 전경적인 인물이다. 그리고 추상적이면서도 막연한 인물을 지시하는 {마을군}, {전부 내 어려서부터 익히 아는 사람들}, {누가}, {누군가}, {일간에 모인 사람들}은 배경적인 인물로 설명할 수 있다.

신현숙 (1998: 239) 참조

문학작품에 쓰인 다양한 문장 표현을 통하여 우리는 무엇을 인지할 수 있을까?

◆ 문학작품에서 문장 성분을 **도치***inversion* 시키거나 **생략***ellipsis* 하는 표현 방법은 전경 사건과 관련이 있다. 곧 작가는 독자의 주의와 관심을 환기시키는 데 이와 같은 표현 방법을 사용한다.

◆ 작가가 **정치법**으로 표현하다가 **도치법**으로 표현하는 데는 강조나 암시를 하려는 의도가 있다. 그러나 상대적으로 도치법으로 계속되는 작품이라면 정치법이 강조나 암시 기능을 가질 수도 있다.

   ㄱ. 여기 모이는 전부가 내 어려서부터 익히 아는 사람들이었다. (3단락)

   ㄴ. 단지 얼마 전에 <u>함경도</u> 어디선가 이사해 왔다는 <u>삼봉이 아버지</u>란 사람을 제외하고는. (3단락)

(황순원 「눈」에서)

  ⇒ (ㄱ)과 (ㄴ)은 도치법으로 표현된 한 문장이다. 작가는 이와 같은 표현 방법을 통하여 {함경도}와 {삼봉이 아버지}에 독자의 주의와 관심을 집중시킨다. 이는 {함경도}와 {삼봉이 아버지}가 이 작품에서 일어날 전경 사건과 밀접하게 관련되고 있음을 암시하는 표현 방법이다.

◆ 작가가 생략을 하여 표현한 문장은 생략되지 않은 표현보다 강조와 암시의 기능이 강하다. 이는 생략된 문장이 독자의 관심이나 주의를 환기시킬 수 있고 작품의 전경 사건과 밀접하게 관련된다는 것을 의미한다.

ㄱ. 예서는 상상조차 못할 만큼 눈이 많이 오는 것만은 <u>사실이다</u>. (7단락)

ㄴ. 외부와의 교통이 일체 끊어지는 일이 있다는 것도. (7단락)

(황순원 「눈」에서)

⇒ (ㄴ)에서는 (ㄱ)에서 사용된 {사실이다}가 생략되어 있다. 따라서 (ㄴ)은 (ㄱ) 보다 강조와 암시의 기능이 강하다. 곧 생략법을 사용한 (ㄴ)은 작품의 전경 사건과 밀접하게 관련된다.

? 다음 중 어떤 이야기가 더 아름다울까?

<table>
<tr><td>슬프지만
아름다운
사랑이야기</td><td>아름답지만
슬픈
사랑이야기</td></tr>
</table>

? 다음 중 어떤 표현을 들었을 때 기분이 좋을까?

ㄱ. 영해는 못하는 것 빼고 다 잘하지.

ㄴ. 영해는 잘하는 것 빼고 다 못하지.

11

문학작품에 쓰인 인용 표현에서 우리는 어떤 특징을 인지할 수 있을까?

◆ 문학작품에서 작가는 단순한 **서술법**이 아닌 **인용법**을 사용하여 전경 사건을 표시한다. 특히 독자의 관심이나 주의를 집중시키기 위하여 **직접인용법**을 쓰는데, 이는 **간접인용법**보다 전경 사건과 관련되는 정도가 높다.

ㄱ. 벌써 한 자는 실이 왔겠다는 말을 한다. (6단락)

ㄴ. 이렇게 눈이 일찌감치 온다는 둥 (6단락)

ㄷ. 밀보리 농산 괜찮을 것 같다는 둥 (6단락)

ㄹ. 그 쪽에는 눈이 와두 굉장히 온대디요? 하구 묻는다. (6단락)

ㅁ. 삼봉이 아버지는 그렇다고 하면서 함경도 사투리가 섞인 말투로 이야기를 꺼냈다. (6단락)

(황순원 「눈」에서)

⇒ (ㄱ-ㅁ)은 하나의 단락 속에 있는 표현이다. 이 가운데 (ㄹ)은 직접인용법이 쓰여 간접인용법이 쓰인 다른 표현보다 전경 사건과 관련되는 정도가 높다.

◆ 간접인용이 쓰인 것은 직접인용이 쓰인 것보다 작품의 전경 사건과 관련되는 정도가 낮기 때문에 배경적인 표현 방법이 된다. 그러나 간접인용법은 단순한 서술법보다는 전경 사건과 관련되는 정도가 높다. 따라서 간접인용법이 쓰인 것은 인용법이 쓰이지 않은 경우보다 전경적인 표현 방법이다.

ㄱ. 그래 남편은 그 집 여인이 굶어 죽지나 않았느냐고 묻는다. (10단락)

ㄴ. 남편은, 그러냐고, 대단히 고맙다고, 그 집이 바로 자기 집이노라고 하며 치

하까지 해 마지 않는다. (10단락)

(황순원 「눈」에서)

⇒ (ㄱ)과 (ㄴ)에서는 간접인용법이 쓰였으나 이 작품의 전경 사건과 관련된다고
할 수 있다.

◆ 문학작품에서 새롭고 신선한 기술 양식을 쓰게 되면 그렇지 않은 표현보
다 전경적이라고 인지할 수 있다. 곧 다른 표현과 구별되는 기술 양식은 상대
적으로 전경 범주에 속한다.

▣ 리치 *Leech* (1971 : 99)에서 제시한 다음 자료의 차이를 생각해 보자.

   ㄱ. I enjoy playing cricket.
   ㄴ. Jim said that he enjoyed playing cricket.

▣ 할아버님께서 하신 말씀을 아버님께 전해 보자.

   ㄱ.
   ㄴ.

한국어 담화 표지는 어떤 의미를 지시할까?

◆ **담화 표지**_discourse marker_는 언어사용자가 담화에서 의사소통의 의도나 목적을 효과적으로 전달하고 이해하는 데 중요한 역할을 한다. 한국어에는 {그래, 글쎄, 뭐, 아니, 이제, 왜, 저기요} 등 다양한 담화 표지가 있다.

◆ 담화 표지의 의미는 지시어의 의미와 마찬가지로 상황에 따라 다르게 해석될 수 있다. 이를 사용하는 화자의 의도나 목적, 그리고 태도 등이 상황에 따라 다르게 나타나기 때문이다 (김영란. 2001 : 55/ 2003 : 96~106 참조).

ㄱ. 이름이 뭐예요? [질문]

ㄴ. 고맙기는요. 저는 이걸로 먹고 사는데요, 뭐. [강조]

ㄷ. A: 객지 생활을 하시기 힘드시지요?

   B: 뭐, 그저 지낼 만하지요. [머뭇거림]

ㄹ. A: 지금 그걸 따지실 때가 아니죠.

   B: 됐어. 철없을 때 하던 약속인데, 뭘. [강조]

⇒ 자료 (ㄴ-ㄹ)에 쓰인 {뭐}와 {뭘}은 의문사라기보다는 담화 표지로서의 기능을 하는 것으로 볼 수 있다.

? 언어생활 속에서 쉽게 찾을 수 있는 담화 표지와 각 표지에서 인지할 수 있는 의미를 생각해 보자.

   ㄱ. 어! 저기요! 물 좀 주실래요? [질문]   ㄴ. 이것도 먹지 그래. [강조]

비언어적인 표현에서
우리는 어떤 의미를 인지할 수 있을까?

◆ 실제 언어생활이나 의사소통 과정에서는 비언어적인 표현도 중요한 역할을 한다. 또한 상황에 따라서는 언어적인 표현보다 더욱 많은 의미를 전달하기도 한다.

◆ 비언어적인 표현이 언어적인 표현보다 많은 의미를 전달하기도 한다. 언어사용자는 비언어적인 표현에 자신의 의도를 담아 의사소통을 한다. 예를 들면 다음과 같이 표정으로 자신의 의도와 의미를 전한다.

ㄱ. (엄마가 아이를 보며 웃으면서) 잘 한다.

ㄴ. (엄마가 아이를 보며 눈을 치켜뜨며) 잘 한다.

⇒ 위에 제시한 자료에서 언어사용자가 전하고자 하는 의미는 언어적인 표현인 {잘 한다}보다 비언어적인 표현인 표정에서 잘 드러난다. 이와 같은 이유로 만나서 이야기하는 것보다 전화로 이야기하거나 편지로 이야기하는 것이 더 어렵다.

? 언어마다 다양한 비언어적인 표현으로 의사소통을 하기도 한다. 관심 있는 언어에서 사용하는 비언어적인 표현과 그 의미를 조사해 보자.

ㄱ. 눈으로 하는 인사　　　　ㄴ. 손으로 하는 인사

ㄷ. 몸으로 하는 인사　　　　ㄹ. 신호나 기호로 하는 인사

국립국어원. 표준국어대사전.

김영란. 2000 ㄱ. {왜}의 화용 기능. 한국어 의미학 6. 한국어 의미학회.

김영란. 2000 ㄴ. 드라마 대본에 나타난 여성과 남성의 의문문 비교 분석. 상명논집 7. 상명대학교.

김영란. 2001. 한국어 학습자를 위한 화용 정보: {무엇}. 한국어교육 제12권 1호. 국제한국어교육학회.

김영란. 2003. 한국어 교육을 위한 의문사 어휘 정보와 교수 방법 연구. 상명대학교 대학원 박사학위논문.

박종갑. 2001. 토론식 강의를 위한 국어의미론 (개정판). 박이정.

손상희. 1985. 詩에 쓰인 감각적 전이의 연구. 자하 17. 상명대학교.

신현숙 외. 2000. 의미로 분류한 현대 한국어 학습사전. 한국문화사.

신현숙. 1985. 한국어 학습자료 개발을 위한 동사의 의미연구. 논문집 제17집. 상명여자대학.

신현숙. 1991. 감각동사 {보다}의 의미분석. 김영배 선생 환갑기념 논총. 경운출판사.

신현숙. 1997. 의미 확장의 인지 모형: 한국 동물 속담. 인문과학연구 제6호. 상명대학교 인문과학연구소.

신현숙. 1998. 의미 분석의 방법과 실제 (개정판). 한국문화사.

신현숙. 2001. 한국어 현상과 의미 분석 (개정판). 경진문화사.

신현숙. 2002. 한국어 대화의 교수모형: 질문과 응답. 한국어 교육 제13권 2호. 국제한국어교육학회.

신현숙. 2004. 어휘 정보와 문화 정보: {옷/ 밥/ 집}. 한국언어문화학 제1권 제1호. 국제한국언어문화학회.

신현숙. 2005. {입다/ 벗다}의 어휘 정보. 국어교육 116. 한국어교육학회.

신현숙. 2009. 간판 매체 언어의 사회·문화 특징. 국어교육 130. 한국어교육학회.

신현숙. 2010. 한국어 학습자를 위한 어휘 정보: {소리}. 문법 교육 제13호. 한국문법교육학회.

신현숙. 2011. 한국어 학습자를 위한 어휘 정보: {냄새}. 한국어 의미학 36. 한국어 의미학회.

신현숙·김영란. 2004. 한국어 교육을 위한 색채어 어휘 정보. 이중언어학 제24호. 이중
　　언어학회.

신현숙·박건숙. 2007. 뉴스 텍스트에 나타난 명사형 어휘 연구. 국어교육연구 20. 서울
　　대학교 국어교육연구소.

신현숙·이지영. 2001. 한국어 학습자를 위한 어휘 정보: {맛}. 한국어 교육 제12권 2호.
　　국제한국어교육학회.

윤평현. 2008. 국어의미론. 역락.

이기동 편저. 2000. 인지언어학. 한국문화사.

이용주. 1975. 의미론 개설. 서울대학교 출판부.

임지룡. 1992. 국어 의미론. 탑출판사.

이정선. 1990, 1995. 〈조선말화술〉을 통해 본 북한의 음운학 및 언어생활. 북한의 조선
　　어학. 한신문화사.

Anna Wierzbicka. 1996. *Semantics. Primes and Universals*. Oxford University of Press.

David Crystal. 1995. *The Cambridge Encyclopedia of the English Language*. Cambridge
　　University Press.

George L. Dillon. 1977. *Introduction to Contemporary Linguistic Semantics*. Prentice-Hall,
　　INC.

Geoffrey N. Leech. 1971. *Meaning and the English Verb*. Longman Group Limited.

Geoffrey N. Leech. 1974, 1981. *Semantics*. Harmondsworth: Penguin.

John I. Saeed. 1997. *Semantics*. Blackwell Publishers Ltd.

John Lyons. 1995. *Linguistic Semantics. An Introduction*. Cambridge University Press.

Leonald Bloomfield. 1933, 1976. *Language*. unwin university books.

Miller/ Johnson-Laird. 1976. *Language and Perception*. The Belknap Press of Havard
　　University Press.

Ronald W. Langacker. 1991. Concept, Image, and Symbol: The Cognitive Basis of
　　Grammar. Mouton De Gruyter.

Paul Elbourne. 2011. *Meaning. A slim guide to semantics*. Oxford University of Press.

한국어 **특강 1** 의미와 의미 분석

한국어 **특강 1** 의미와 의미 분석

한국어 특강 1

의미와 의미 분석

인쇄 · 2012년 2월 27일 | 발행 · 2012년 3월 3일

지은이 · 신현숙 · 김영란
펴낸이 · 한봉숙
펴낸곳 · 푸른사상
주간 · 맹문재 | 편집 · 김재호 | 마케팅 · 박강태

등록 · 1999년 7월 8일 제2-2876호
주소 · 서울시 중구 초동 42번지 아시아미디어타워 502호
대표전화 · 02) 2268-8706(7) | 팩시밀리 · 02) 2268-8708
이메일 · prun21c@hanmail.net / prun21c@yahoo.co.kr
홈페이지 · http://www.prun21c.com

ⓒ 2012, 신현숙 · 김영란

ISBN 978-89-5640-903-0 93710
값 17,000원

○ 이 책은 2011년도 계당장학재단 연구비 지원으로 집필하였습니다.